智识的生产技术

知的生産の技術

〔日〕梅棹忠夫　著
樊秀丽　译

2019年·北京

First published 1969 by Iwanami Shoten, Publishers, Tokyo.
This simplified Chinese edition published 2016
by The Commercial Press, Beijing
by arrangement with the proprietor c/o Iwanami Shoten,
Publishers, Tokyo
本书根据岩波书店 2013 年日文版译出

鸣谢

首先，请允许我简单介绍一下，出版这本书的原委。

这本书之所以能够面世，并不是作者一己之力，而是众多亲朋好友倾情联手、共同努力的结晶。

我觉得，自己从青年时代起就颇有人缘，有幸广泛结交朋友。我打学生时代起，就结识了许多良师益友。我跟着老师自然受益匪浅，从众多亲朋好友身上，也都汲取了包罗万象、用之不竭的宝贵智慧。即便是在自己进入了学术研究领域以后，承蒙这些良师益友在诸如学习方法、研究思路等等方面，一如既往地给予悉心指导，慷慨点拨之事仍不胜枚举。尽管他们术有专攻，各具所长，但是，在研究方法、研究思路这一点上，还是殊途同归，颇有共识的。虽然，那一次次的指点，倒也只是一些研究思路上的独到见解，并不是那种截然相反、别开生面的所谓科学方法论之类宏旨高论。然而，这对我却是秘诀，大有裨益。因为这些全都是他们的经验之谈，是在书本里绝对无法见到的宝贵知识。

在我们这些亲朋好友之间，自然没有一个组织严密的信息交换网络。不过，我们却在有意无意之中，形成了一种信息交流的默契，并且持续至今，从未间断。只要有某一个人，想到了一种新的技术方案、研究思路，顷刻之间就会在其他朋友之间传遍。新技术、新方法层出不穷，日益丰富；原有的技术、方法也都随着人们的实践经验而推陈出新，得以不断改进完善。如今，在我们这些亲朋好友之间，这一笔大家共同拥有的宝贵财富，无论在质的方面还是在量的方面，都已十分可观。

我们的一部分成果，又转而告诉了我们新结识的朋友，很多人都颇感兴趣。他们对一些具体的操作方法，也都每每讨教求学。于是乎，我就想要以这些题材写点东西。在我的记忆之中，那应该是 1964 年秋天的事情。

有一天，我约见了岩波书店编辑部一位编辑，经过一番长谈之后，自己才逐渐领悟到，这件事绝对不单单是一个局限于“研究”的问题。事实上，它不也还要牵涉到通常的“学习”方法吗？还真一点不错，即便是研究工作吧，将其构成要素中那些具体的操作步骤一一分解开来，其结果，也无非是阅读、书写、思考等等这些工作。它与通常的“学习”毫无二致。

我考虑到，未来的读者群体，将不仅仅是学术研究者。还要包括将来走出校门，也要涉足研究工作的莘莘学子，以及从事各种智识活动的人们。于是乎，我就开始尝试以随笔的形式，将我们的实践经验撰写成文。这是一次完全没有前例可循的尝试。我打算，主要围绕着我们以往的实际工作过程加以叙述，而不是去介绍我们已经取得的技术成果，以期抛砖引玉，赢得各界同仁的广泛关心。

转眼到了第二年，也就是 1965 年 4 月，我便开始以《谈谈智识生产技术》为题，在岩波书店发行的《图书》杂志上，发表连载文章。起初，自己原打算连载个三四期就告结束。但是，等到连载真正开始以后，各种各样的问题纷至沓来，应接不暇。我这时候才明白过来，撰写连载文章还真不能简单从事。于是，我改变了初衷，下定决心，沉着应战，笔耕不辍，坚持连载个一年半载。可是，后来由于我本职工作过于繁忙，连载难以为继。结果仅仅连载至第六次，就不得不忍痛割爱，半途停笔。

在发表连载文章那段时间内，我收到了许多读者的来信。不少来信寄到了岩波书店，直接寄给我的来信也很多。其中，还有一些读者专程来到我的研究室，当面赐教。大多数读者表达了对连载文章的认同与勉励，但也有不少读者提出一些新的问题与新的思路。

还有人把自己设计的卡片，赠送给我。我以为，正是因为了解到许多人对于此类问题十分关心，自己下定决心，撰写此书是有价值的。

在连载结束之后，读者的来信依然持续不断。后来，连载文章的第一部分，幸蒙收录日本国立高中的国语教材之中。或许得益于此，在其后长达三年左右的时间，读者的来信以及垂询一直不断，这可是我从未经历过的。

承蒙岩波书店的热情鼓励，我终于毅然决定了撰写续篇。那也就是自 1968 年 10 月开始，以《谈谈智识生产技术（续）》为题，仍旧在岩波书店发行的《图书》杂志上发表的连载文章。续篇总共也就连载了五次，本来还有一些题目要写。但是，后来听取了人们提议汇编出版新书的中肯意见，因此就不再继续连载下去了。我依据前后两次总共 11 篇连载文章，做了加工整理，又补充了若干章节，完成了这一本书的出版准备工作。

在最初开始撰写连载文章之时，究竟确定一个什么样的题目才好呢？这可真让我伤透了脑筋。虽然想要撰写的内容充斥脑海，却苦于挖空心思也找不到一个能够表达得十分贴切的词语。我和编辑们一起，绞尽脑汁，想出了许多五花八门的题目：从平易近人的《书信・笔记・日志》，到别出心裁、独树一帜的《我的学习设计》《办公演义》《神经生活》等等，形形色色，应有尽有。但是，都不能令人满意。后来，还是汤川秀树先生听说了我的这些想法之后，不吝慷慨赐教，热心指点迷津：说到底，不还是一个“技术”问题吗？的确言之有理，还真的就是一个“技术”问题呀。然而，它又是一门什么样的技术呢？如果仅仅简简单单地叫作什么“学习的技术”，还真有点词不达意，美中不足。我想要表达的，乃是一种更具创造性的智识活动技术，经过反复推敲，题目最终就定名为《智识的生产技术》。

不过，我压根儿就没有打算撰写什么《基本知识指南》，也压根儿没有打算撰写什么技术讲义或者教科书。我只想提出一个引子，以此唤起人们对这一问题的关心，为人们提供一点激发热情的兴奋剂罢了。并不是一本板起面孔《智识的生产技术》的专业书籍，而是一种轻松愉快的随笔或称杂文，题目定为《谈谈……》。

在后来的连载文章发表时，我也收到了很多读者的来信。很多读者对于一些技术的具体细节，也颇有兴趣，我铭记于心。故而，在此次编辑成书之时，我对于技术要素的解说，多费了一些笔墨，增加了一些文字。但是，我所扮演的社会角色，充其量也就是抛砖引玉，为人们提起一个话题，而不是充当一门技术的系统讲解员。智识生产技术的创新开发，智识生产技术的系统配套，都是一个未竟的重大课题。这一课题，要靠许许多多人的共同奋斗，凭借自己的双手，开发出各种各样的智识生产技术，并且形成一整套完美无缺的全新系统。我热切地期待着这一天的早日到来。

值此成书付梓之际，我谨向《图书》杂志连载拙文时，不吝来信指导的众多读者再次鸣谢。对于那些一直慷慨面授机宜、不吝指点迷津的亲朋好友，尤其是川喜田二郎、藤冈喜爱、和崎洋一、加藤秀俊、樋口谨一、樋口敬二诸位仁兄的深情厚谊，我至为感激。我在前文也曾提及，在我为选定本书题目而满腹惆怅之时，汤川秀树先生不吝点石成金。虽然撰写的文章是智识生产技术，但我却并无能工巧匠之所长。拙作之所以得以成书付梓，还多亏了岩波书店编辑部的诸位编辑，特别是田村义也、浅见育子、小川寿夫等人的鼎力相助。我特此一并鸣谢。

1969 年 6 月

梅棹 忠夫

目　录

序论

学校灌输过头

日本一位从事传统技艺的大师，曾经说过这样一句话："技艺要领的掌握，并不只是师傅的言传身教，而且还要靠自己偷偷习得。"这句话的意思是说，技艺的掌握不在于传授而更在于习得，学艺者如果没有求学的积极主动性就不会有进步。

虽说掌握技艺与研究学问不可相提并论，但就要求学习者必须具有积极主动性这一根本特质而言，我认为是相同的。在这一点上，二者完全相同。一个人如果随波逐流，事事被动，那就不可能得到学问。每个人的学问都要靠自己刻苦研究求取，而不是单纯依赖别人灌输所能够得到的。

从这一点上来看，当今日本这样的学校教育制度，对于学习技艺或者研究学问而言，很难说是一个多么适宜的场所。如今，在日本的学校里，老师灌输得过多，热情过了头，面面俱到，样样都教到了。因而，这就酿成了一种弊端：学生们习惯于被动地听老师灌输，而不懂得自己积极主动地去学习。

我想象，假若学校实施这种教育方式，即老师不再满堂灌输，而是学生想尽办法向老师索取智慧，如果能建立这样一种激烈的对立关系，日本这种学校的教育效果岂不知要高出现在多少倍？虽然，我并不认为当今日本学校的教育方式一无是处，但是，在培养学术研究、艺术技能等创造性活动能力的人才方面，却实在是让人不敢恭维，很难说它是一种多么卓有成效的制度。

在这本书里，我所要讲述的内容，主要就是：如何阅读，如何书写，如何思考。这或许类似于一种“学习方法”。其实，我在确定本书名称的时候，也曾几次探讨过，可否采用《学习方法》作为书名。然而，一提到“学习”，往往就又会联想到学校方面。一谈起“学习方法”，则往往又会误以为是，在学校考试中旨在求得优异成绩的方法技巧。在当今时代的学校之中，如果人们想要取得优异的成绩，那么，就必须有一种独辟蹊径、极其特殊的方法技巧。由于本书压根儿就不是为了这一目的而写的，故而，为了避免引起误会，我就干脆对“学习方法”一词敬而远之了。

不教具体方法

我认为，一方面，学校灌输的内容过多；另一方面，学校有些东西又似乎“舍不得教授”，十分吝啬，二者相互矛盾。某些真正需要教授的内容，却只字不提，完全忽略了。

究竟哪些方面灌输的内容过多，哪些方面又“舍不得教授”呢？简单来说，就是：学校虽然灌输了不少知识，但并没有教给学生多少获取知识的方法。在这一点上，不单单是初中、高中如此，令人遗憾的是，就连号称研究学问的学府——大学也不例外。常常听到人们说：“大学并不是一个传授学问的地方，而是教授研究学问方法的场所。”然而，事实上，在大学里，人们热衷的依然不是教授研究学问的方法，而是学术成果。

人们一提到研究学问的方法等等，马上就会谈论起方法论如何如何。可是，我们在这里所要谈到的问题，却与那些深奥莫测、生涩难懂的高谈阔论有所不同。这里要谈到的问题是，有志于学问研究的人应知应会的最最基础性的研究方法。虽然对于研究者来说，乃是司空见惯的问题，譬如，在我们观察、记录一些现象的时候，应该怎么做；或者在我们要确定并展开自己构思的时候，有些什么方法之类，这些内容在学校里，老师是不会轻易教授给我们的。

这一点，还是我在进入指导年轻研究者的社会角色以后，才渐渐领悟到的。那些即将完成学业走出大学校门，步入研究生活的社会新秀们，尽管他们对学术研究的方法论能够口若悬河，侃侃而谈，却竟然连极其简单的书籍阅读方法、稿件撰写方法都稀里糊涂，不甚了解，而且，这种情况还很普遍，并不罕见。

回顾我本人的过去，情况也是如此。我虽然上学多年，但是，记得老师们却是只传授学问内容，而在学习方法这一方面，也不知有意还是无意，最终竟然都是秘而不宣。譬如写笔记一事，我就从不记得老师直接教过些什么。就连文献资料卡片的制作方法，老师也没有教过我们。同学们也就是互相看看学学，久而久之，无师自通的。

或许那样也未尝不是一件好事。正因为老师不肯多教，学生们才会积极主动地自力更生，“偷偷学习”老师或者学长们的做法，好歹也练就了一身看家本领。学校老师们的这种神秘主义，或许也和能工巧匠们的指导手法一样，同样都是深谙学校教育的要诀。

技术欠缺与研究能力

假如情况就此万事大吉，也就没有什么问题可谈了。然而，实际情况却并不是一帆风顺的。这种神秘主义的做法，并不能保证人人都能如愿以偿地偷偷学到成功法宝。其结果就造成了基本素养存在缺陷的研究者不断出现。一些畸形研究者在知识层面学富五车、才华横溢，而在实践研究层面则一贫如洗、能力低下。

其实，我们似乎也不能只讲年轻人的情况。就连我们这些身居要职的骨干研究者，事实上，研究能力不也低得可怜吗？究其原因并不是什么个人愚笨、脑子不好用，也不是什么偷懒、出工不出力，而恰恰是因为学术研究的“方法”糟糕，才造成了研究能力在低位徘徊、无从提高的死局。这也是源于技术欠缺的研究能力低下。

譬如，日本的研究者，一直就不懂得复印文稿。复印的技术手段也没有得到长期持续不断的开发。而在美国等国家里，一篇论文或者一部著作在印刷发行之前，通常都要采用文稿复印的形式，分发给一些专家过目。那种文稿，有时也会漂洋过海，传递到我们这里来。然而，在我们这里，却从未做过这样的事。虽然只看印刷发表的东西，在形式上是一样的；但在推敲内容这一点上，可就差一大截、相去甚远了。试问，这不是源于技术欠缺的研究能力低下，又是什么？

另外，还有这样一种情况。研究工作离不开资料，研究者必须处理各种各样的资料——大多数近乎纸条、纸片一类。然而，由于没有系统地研究过这一类资料的整理方法，因而，很多研究者不知道如何下手。弄得研究室里莫名其妙地纸片堆积如山，杂乱无章。

为了防止混乱，人们常常采用的办法就是，一种类似于“剔除”的舍弃方法。也就是将自己的研究兴趣，尽可能地限制于极其狭窄的范畴以内，对与其没有直接关系的其它事项，统统弃之不顾。一旦自己将自己的专业方向限制得十分狭窄以后，其所需的资料自然就会少之又少。其他资料便会揉成纸团，扔进废纸篓里。

的确，一旦采用这种方法，整理资料的必要性就会减少，研究室里也就不会混乱不堪。于是乎，人们就容易沦为所谓专业傻瓜那样视野狭隘、学术生产力贫乏的研究者。这是一个稍有不慎便会误入其中的陷阱，我们的研究者必须时刻警惕，严格自律。这一点，只要掌握好资料整理技术，可以化险为夷，问题也会迎刃而解。

厌烦技术

除此之外，还有不少人以为，只要研究方法得当，学术成果就会扶摇直上。然而，不知何故，这种属于研究生活中的基础技术类的东西，在研究者之间竟然也无人问津。而对于各个专业领域那些高不可攀的特殊技术，则不厌其烦地议来论去，书籍也大出特出。可是，对于那些极为普通，每个研究者都应该牢牢掌握的通用技术，反而视而不见，谁也不去关心。

为什么这些问题不能列入议论对象呢？或许是因为它们过于司空见惯，太微不足道了吧。在人们看来，将资料复印啦、资料整理方法啦，都提升到“技术”的高度，似乎太小题大做了。

我猜想，还有一个理由就是，在研究者之中，是否存在有一种厌烦技术、鄙薄技术的倾向？我不知道这是不是日本独有的特色，但是，最起码在日本，特别是在高级知识分子中间，这种倾向似乎相当普遍。似乎无形之中，技术本身竟然被视为违反人性或者背离事物本质的异端邪说。“技术性”一词，常常被凭空加上了“细枝末节”、“表面性·非本质性”的含义。

关于这一点，就是在研究者中间，学习理科的也与学习文科的大相径庭。厌烦技术，还要数学习文科的人居多。在学习文科的研究者之中，还有的人十分固执，断然拒绝整理资料。

其实，就算厌烦技术的高级知识分子，自然也不是没有技术。应该说，身怀绝技、技术高超者，也大有人在，只不过他们不屑于将其视为技术罢了。

究其技术本身，原则上，并没有什么个性可言。它所具有的特性就是，无论什么人，只要坚持循序渐进，不断练习，就能够达到一定的水平；它是客观、普遍存在并可以公之于众的。不过，有人认为，与技术相反的研究、学习之类精神活动，则往往是一种最具个性、极其个人化的私密行为；它不具有普遍性，也不能公之于众；它是以一种颇具个性色彩出现的个人奋斗精神，是一种在深奥、秘密的神圣领域里进行的特殊作业，不可以展示于他人面前……

但是，我经过多方了解之后发现，虽然人们都认为研究工作极具个性化，但是，他们在精神领域的深处举行的仪式，竟然惊人的相似。他们付出了同样多的努力，遭遇了同样多的失败。其实，只要他们毅然决然将这些话题拿到大庭广众之下，相互沟通、交流信息，那么，他们的进步就一定会十分惊人。让我们一起行动起来吧，这正是我撰写本书的初衷。

何为智识生产

我们在前面一直围绕着如何做学问、如何进行研究的话题。不过，这些话题并不仅仅针对研究者。这些话题，与所有或多或少从事一些智识生产活动的人都有关系。

可是，我们所说的“智识生产”，到底是怎么一回事呢？在本书中，书名也采用了这一似乎家喻户晓、妇孺皆知的词语。不过，我猜想，会不会有很多人听起来觉得有点陌生。这倒也理所当然，因为它是我自己杜撰的。对于它的含义，我还需要做一点说明。

这里所说的“智识生产”，可以视为这样一种情况：人们的智识活动面向的是某种新颖信息的生产。此时，所谓的信息便可以包罗万象，泛指一切。诸如智慧、思想、考虑、报道、叙述等等，可以非常广义地对其加以解释。简而言之，我们可以这样理解：所谓智识生产，就是运用自己的大脑，以人们明白无误的形式，提出一种新的东西——信息。在这里，智识生产这一概念，一方面，它与一切智识活动以外的生产概念相对立；另一方面，它还与智识消费的概念相对立。

人们的生产活动分为各式各样的种类。譬如，通过体力劳动生产物质或者能源。不过，如果说智识活动本身生产什么产品的话，那么，它永远也只能是信息。纵然这种信息是为物质或者能源生产提供了助力，但是，归根结底，人们通过第一次智识活动所产生的结果只能是信息。

然而，在另一方面，信息却并不一定总是智识活动所产生的结果。在信息的生产过程中，也会有各种各样的副产品产生。其中，也有一些并不能称为智识生产信息的东西产生。譬如，钢琴演奏、提琴演奏、舞蹈表演、烹调美味佳肴，等等，毫无疑问，这一些也都属于信息生产，但是，它们却是要与智识信息生产加以区别的。如果硬要说，也应该说它们是一种感觉性、肉体性的信息生产。

其次，与智识生产相对立的智识消费又是什么呢？人们的智识活动可以分为各种各样的类型，绝对不能说，由于我们进行了智识活动，就一定会进行信息生产。因为，其中，纯属消费性的东西也为数不少。譬如，打麻将与下象棋就是一种智识消费。虽然它们也都伴随着高级智识活动，但是，仅此而已，根本不会生产出任何新的信息。还有，我们在业余时间看报、读书，这也是一种智识消费。在这种意义上，它也和打麻将、下象棋具有同样的性质。至于读书，我会在后面的章节进行阐述，不过，大家需要注意，如今几乎所有的读书论，都是以读书的“趣味”性为中心展开的。现在，人们已经主要把读书当成了一种智识消费。

有言在先，我并不是说打麻将、下象棋、“趣味”性读书一类活动有什么不好。只是说，它们都是一种智识消费。无论智识也好，非智识也罢，消费并不是什么坏事。

信息产业的时代

所谓智识生产，指的就是智识信息的生产。它是一种依据当今现有的或者新出现的各种各样的信息，运用人们各不相同的智识信息处理能力，进而创造出新鲜信息的作业。它仅仅是一种人们凭借一定基础知识积累进行的例行作业。其中，或多或少也都有一些常用常新的创新因素。所谓智识生产，就是这样一种凭借人们的思维活动进行的生产活动。

如今，从事这种智识生产活动的人已经非常多了。研究者自然不言而喻，此外，还有新闻、出版、教育、设计、经营、一般办公领域的工作者等等，通过自己的思维，参与智识生产活动的人数目十分庞大。这些从事信息生产、信息处理、信息传递、信息转换等工作的所有产业汇总起来，可以统称之为信息产业。我认为，正是这样一个信息产业，将要成为继工业化时代之后，又一个新时代的领军产业。而且，在这样一个信息产业之中，特别是智识生产大军，毫无疑问会崭露头角，大显身手。

迄今为止，人们的智识活动，在某种意义上，应该说还只是一种奢侈品。正如俗话“与其创作歌曲，不如耕种田地”所说，与智识活动相比，凭借体力劳动直接生产物质与能源更为实际，更为重要。在那样一种时代里，智识活动无异于“创作歌曲”，只是一种消费。读书沦为一种修养，沦为一种娱乐，也就不足为奇了。

在现代社会，那种情况正在悄然发生变化。智识活动，已经变得明显具有生产性内涵，这是现代社会才有的事。虽然，智识生产这一词语，人们还不是耳熟能详，如数家珍，但它却也是这种信息时代的一种动向，希望大家能够逐渐接受。而且，人们要将智识活动视为一种积极向上的社会参与方式，而不是一种修养。在这一方面，我们所说的“智识生产技术”这种思维方式不也颇有深意吗？

一门生活技术

如果按照这种内涵理解，智识生产，不就是一个所有生存于现代社会的人们，都必须共同面对的问题吗？研究者、莘莘学子、文人墨客，或者从广义上，可以泛指一切从事信息产业的人，甚至超越这些人的范围，全社会所有的人在其日常生活之中，都不得不一刻不停地进行智识生产活动。我们的人类社会，正在转变为这样的社会。

我们的人类社会充斥着大量的信息。而且，我们的人类社会还期待着所有人都是信息的生产者。人们获取信息，而后进行整理，再通过思考得出结论，并传达给别人，然后付诸行动。这一点，尽管存在着程度上的差别，却是人人都必须做到的事情。当今时代，就连每个家庭主妇在自己的日常生活中，也要不断进行智识生产。否则，她就无法操持家务，也难以教育好自己的子女。

因而，智识生产的“技术”变得越发重要起来。我在文章的开头，是从学术研究的技术讲起的，但是，需要技术的却不只是学术研究者。人们公认，在一般市民的日常生活中，“智识生产技术”的重要性也在凸显，而且，与日俱增。

诸如，查找资料、阅读书籍、整理资料、归档文件、厘清思路、确定构思、形成大纲、做出记录、写出报告等等。这一系列智识作业，在从前，只是极少数文人、学者们的专属工作。而在当今时代，全社会每一个人都有不计其数的机会要做这些事情。它已经成为每一个社会人的一门生活技术，我们必须考虑智识生产技术的理由就在于此。

刚才，我们提到了一个家庭主妇的话题。在从前的日本家庭里，这些家庭主妇所能够涉及文字符号的事情，乃是少之又少。而今，在普通的家庭之中，已经充斥着各种各样的文件资料。一个妇女，如果不掌握文件资料处理的基本技术，恐怕连找一份家政工作都很困难。

其实，本书所介绍的一些智识生产技术的具体事例，在普通的家庭之中，也是照样可以使用的。恐怕我们还要进一步确立、发展家庭中的智识生产技术理论，使其作为家政学的一个重要组成部分。处于这样的信息产业时代，每个家庭也不可能置身世外桃源。至于家庭之中的智识生产技术，我也有一些想法，不过还有别的机会再谈，此处先把问题点出来。

现代人的实践素养

智识生产者的社会性的应有状态已经发生了变化，同时，智识生产所必需的技术本身，也都与时俱进，发生了很大的变化。也就是说，知识分子必须具备的一种可以称之为实践素养的内涵，也发生了巨大的变化。

日本很早以前——江户时代至明治时代，一个知识分子如果不能流利阅读汉文，那么，他肯定不是一名合格的知识分子。如今，阅读汉文的能力，根本就不是一个问题了。从前，用毛笔写字，是一种最起码的必备技能。而如今，用毛笔写字只是一种奢侈的业余爱好。

究竟什么才是现代知识分子起码应具备的基本技能呢？思考这一问题，正是本书的着眼点之一。在现代社会中一个从事智识生产的人，不论其专业是什么，都必须具备何种程度的实践素养呢？不过，刚才已经谈过，在当今世界，智识生产技术并不仅仅是一些知识分子专属的事，而是全社会人人都必须具备的基本素养。所以，我们应该跳出知识分子的框框，谈论现代社会人的实践素养问题。

请恕我絮烦，当今乃是一个信息时代。我们的社会如何才能应对来势汹汹的信息潮呢？对策多种多样。个人如何应对？也必须与时俱进，不断探讨才行。

会阅读、会写作、会计算，这三会能力乃是近代市民必备的看家本领。不过，在现代社会，单靠这三大法宝，似乎已经不能包打天下了。譬如，电话簿之类，仅仅识字就难以使自己得心应手了。什么百科事典，什么图书馆，仅仅识字、会写，也是难以得心应手的。至于文件资料整理、推敲斟酌、发表出版一类事情，更是我们必须经过艰苦训练才能胜任的。当今时代，有关信息检索、信息处理、信息生产、信息转化的技术，作为个人的基本素养，不已变得日益重要了吗？

上述言论或许有点言之过早，不过，我猜想，譬如，电脑程序的编写方法等，成为每个人最基本技能的日子，会不会早早到来，并让人们始料不及？在美国，好像在初等教育阶段，就已经开始教授电脑程序语言 FORTRAN 了。当今社会，已经不再是人类独步天下，而是人机密切配合形成联合体系的时代，在这种意义上，如果说人、机、系统的飞速发展势在必行的话，那么，它也是理所当然吧。

物质条件的变化

一方面，我们必须看到，有关智识生产的物质条件变化，正在促使现代人必备素养的性质大为改变。如果说，曾经因纸张大批量生产与印刷技术的普及那一条件，培养了近代市民的读写能力这一起码素养的话，那么，由于当今时代信息产业的飞速发展，而开始推广与信息时代相辅相成的新型智识生产能力，也就顺理成章，毫不奇怪了。

虽然电脑进入家庭，操作电脑将成为人们的起码技能，这一时代的到来也许还为时尚早。但是，现在已经有大量的信息设备走出了专家们的研究场所，成为寻常百姓家中的日常工具，它将成为现代人必备的技能。譬如，在当今日本社会，照相机的拥有量远远超过了一户一架的水平。拍照必须依靠专家技能的观念，早已不复存在。磁带录音机则是紧步照相机的后尘。从前，一提到机器，很多人都会心中打怵，退避三舍。时至今日，在年纪大的人们之中，依然存在着一些这种倾向。然而，如今这些信息设备的使用，对于寻常百姓而言，也已成了家常便饭。

撇开那些机械设备不谈，在一些更为简单之处，也发生了不小的条件变化。譬如，纸张、笔记本、卡片之类几乎取之不尽、用之不竭地供应，使得学生文化的物质条件现状与从前截然不同了。一支小小的自来水笔，在不足三十年以前，还算是贵重物品呢。还有钢制办公家具的发展，也在为智识生产技术创造新的条件。档案夹、卡片盒之类资料整理器具，已经开始进入普通家庭和中学生们的房间。离开了这一类器具的普及，谈论资料的整理就毫无意义。

但是，我们试问，在当今日本，那些机械、工具、材料等等的研发与供应，能否满足市场需求呢？实际情况并不令人满意。各种各样的旧时代惰性，依然根深蒂固，人们迎接新时代的应有姿态还很不充分。

能否从最基本之处入手，探讨这些维系日本信息文化基础的物质条件？我正是兼顾这一提案，开始撰写本书《智识生产技术》的。

个人的智识武装

我虽然不知道自己是否预见了信息时代的到来，但是，却可以看得出第二次世界大战以后的日本社会，在相当程度上似乎已经完成了一场“办公革命”。各式各样的办公设备“堂而皇之”地装进了企业单位与政府机关的办公室，他们的办公效率有了显著提高。而且，这场办公革命，至今仍在飞速进行之中。电脑，正被人们争先恐后地带进企业单位。

诚然，这是一件天大的好事，但是，如果我们聚焦到供职于企业单位的每一个员工身上，情况则大相径庭，很不乐观。虽然公司里引进了大量的新型办公系统与办公设备，但是，供职于公司的职员们却依然故我，墨守办公革命前原有的老一套工作模式，几乎没有什么变化。专供摆放文件资料的文件柜放在那里不用，却放上了员工个人的罩衣、球鞋之类物品。这场办公革命，还没有真正触及公司的职员个人，虽然组织结构方面已经有所动作，但是，内部员工还在原地踏步，停滞不前。

对于企业单位与政府机关等等组织中存在的办公问题，已经有很多书籍写过，本书不再谈论这些问题，而要对个人的智识生产问题穷追不舍，弄个水落石出。虽然，一个组织与每一个人，各自的目标有所不同，问题的提法自然不同。不过，我并不是要大家去探索个人如何顺应组织的目标。倒是应该说，置身于这样的信息时代，如果不认真考虑个人的应有状态，难免会一味依赖于组织敷设的合理主义路线随波逐流。说什么如果不在组织之内，就无法发挥个人的智识生产能力云云，简直是糊涂透顶了。要知道，置身于这样一个崭新的时代，个人的智识武装是迫切需要，必不可少的。

在这种意义上说，本书对于企业单位就几乎毫无作用了吧。本书压根儿就是以个人为对象而撰写的，虽然一开头就写了研究与学习的方法，但是，当即就阐述了智识作业的个人“神圣性”。虽然倡导智识生产技术公开化，但是，本书贯穿始终的一条主线，就是坚持这种智识作业的神圣性或者私密性的原则。因为智识生产归根结底还是要由社会每一个人自己来进行的。

不过，从另一种意义上讲，存在着组织的问题，乃是一个不争的事实。在有些情况下，譬如像研究工作中的共同研究那样，由团队合作完成的智识生产，在这一方面，又存在着形形色色的问题。诸如，课题小组的组织形式、讨论方式、开会方式、助手以及秘书的情况、研究室的经营管理问题等等。关于这些问题，我想另找机会加以探讨，本书将全部割爱。

本书的宗旨

在本书中，我诚然想要阐述智识生产技术的问题。不过，我却绝不是要系统地讲解智识生产技术。本书只是提出一个建议，提出一个问题。只要能使各位读者在阅读本书之后，心有所感，能够八仙过海，各显神通，为研究普遍性智识生产技术提供些微启发，我就深感荣幸了。另外，如果这一问题的公开议论，得以以此开端蔚然成风，我将不胜欣慰。

尽管我力求本书浅显易懂，但是，本书毕竟并非一种入门读物。如果有人以为，读了本书，当下便能立竿见影，包打天下，通晓智识生产技术等等，我将不胜遗憾。如果以为本书中写有研究工作的妙计、学习应试的锦囊，我也将万分抱歉。本书的作用只是播撒几颗议论的种子，提供些微兴奋剂而已。

我以为，无论长短方圆，在智识生产技术之中，都不会有什么捷径可走。懂得一些智识生产技术，就可以包打天下的好事，是绝对没有的。千万不要想得过于简单，以为合理主义就会一帆风顺、所向披靡等等。既然成为一门技术，它就必然具有一定的合理性。但像智识生产活动这种关乎人类存在根基的复杂情况，究竟什么才算是合理的？恐怕目前还难以界定。如果是机械设备或者办公机构，可能会搞得目的明确，合理性极高；但是，一旦牵涉到了社会上的人，情况就大不相同了。

至于智识生产技术最关键的点是什么，恐怕是对它多思多想，并且要付诸实践吧。持之以恒的自我变革、毫不懈怠的自我训练，是必不可少的。

1. 发现记事簿

达·芬奇记事簿

记得有一天，我突然想起一本书来，就到书库里查找。那本书似乎早已不翼而飞了，并没有找到。那是梅列日科夫斯基撰写的，一本名为《诸神的复活》的长篇小说。

最初阅读那本书的时候，我还是一名高中学生，那已经是二十多年前的事情了。自己心里想着，现在或许已经出了新版，就翻阅了岩波文库的书目，也未找到，或者已是绝版了。原先那一本书，是米川正夫翻译的四卷本。

那是一本以莱奥纳多·达·芬奇为主人公的长篇小说。虽然我至今犹记当时激动万分读完全书的情景，不过，由于时间太过久远，具体内容已经大部分淡忘了。

唯独一件事情却记得十分清楚，那就是达·芬奇的笔记。准确地说，其实是那段有关达·芬奇笔记的情节感人，才使得很早以前看过这本书的事，至今仍然萦绕在我的记忆之中，时常浮现于脑际。我并不了解，作者梅列日科夫斯基是在多大程度上依据历史事实，创作这部长篇小说的。然而，我反正就是通过这一本书，由达·芬奇手里，得到“笔记”的。

出现于《诸神的复活》里的达·芬奇，自然是众所周知的万能天才。不过，这位天才却有一个写笔记的怪癖：在他的衣服口袋里，总是装着一本记事簿，事无巨细，都杂乱无章地一股脑儿记在里面。当他徜徉在城市街区，就会记下迎面而来者的相貌特征。他的弟子去市场购物回来以后，他也会逐一询问所购物品的价格，并且一一记录下来。就连一些毫无用处的事情，也都被他记录得仔仔细细，明明白白。

虽然我作为一个高中学生，无论如何也不能理解这位伟大天才的全貌，但是，我却理解达·芬奇精神的伟大，这与他包罗万象记录笔记确有关系。因此，为了使自己接近达·芬奇的伟大精神，我也开始写起笔记来。

我从此养成了写笔记的习惯，经历二十余年至今，这一习惯仍然雷打不动，丝毫未变。

天才后生

不过，为《诸神的复活》所感动的，却并不只是我自己。我有几个情同手足的好友，陆陆续续读完此书，无不非常感动。我们这些热血青年对莱奥纳多·达·芬奇的伟大精神佩服得五体投地，都想使自己尽量接近这位伟人。

不过，接近法则因人而异。现今担任东京工业大学教授的川喜多二郎等人，也是圈子里的一分子，他本来就是个左撇子。达·芬奇也是个左撇子，这一点或许成为他学习达·芬奇的巨大动力。自从看过《诸神的复活》这本书后，他就使用左手绘画，水平显著提高。

对于天才的伟大人格，青年们往往都会赋予这样一种理想主义的色彩。听说，好友冈本太郎在青年时代就认为，自古天才，大多脖子短粗，他自己就是脖子短粗型的，所以，他自己也是一个天才。

于是乎，川喜多二郎是个左撇子，要成为天才；我爱上了写笔记，也想成为天才。几个同学和我一起，选择了同样的志向。风华正茂的“天才”后生们，时不时就会从衣服口袋里掏出大型的记事簿，刷刷刷地写些什么。

如果只是衣服口袋里装着记事簿，时时记录所需事项之类，现代的很多人也都在这么做。或者翻看熟人的电话号码，或者圈划下一个见面的地点。人们如果缺少了这些记事，要想顺利过好忙忙碌碌的现代社会生活，会变得困难重重。故而，为了达到这一目的，人们挖空心思地制作出形形色色的记事簿来。

不过，我们从达·芬奇身上模仿的“记事簿”，却与它们截然不同。

我其实并不清楚，达·芬奇究竟在什么样的记事簿里，记录了些什么内容。不过，无论达·芬奇的记事簿实际上怎么样，我们都对他那伟大的精神崇拜不已。我们十分迷恋他对于万事万物永不满足的好奇心、求知欲、宽容心。在这种迷恋的引导下，我们开发出了具有自己风格的笔记写作内容与形式。我们的记事簿，既不单单是实用性的记事本，也不是日常生活的记录本。

发现记事簿

我们在“记事簿”里，记录的是自己的“发现”。我们记述，那些在每一天的经历之中，在某种意义上，自己觉得有趣的事情。那种记录也不是为了方便易记而使用简短语句或者习惯用语，而是有板有眼的正规文章。在某种意义上，它们甚至具备论文的性质，不必修改就能作为一篇短小论文或者论文底稿。起码，它们在体裁上完全符合。我们年复一年、日复一日地将各种各样的现象，写成这样的短小论文。日积月累，它们就成了我们日常生活中智识活动的真实记录。

在朋友中，虽然相互之间多少有所差异，但是，我感觉，基本上都大同小异。而我自己，从现在保存的几本记事簿里看，内容简直是应有尽有，五花八门。身为一名高中学生，如果记录有关学校里的学习情况、读书的感想等等，即使连篇累牍，也属于十分自然的事情，但是，却几乎一点也没有。相反，我倒是写满了被狗咬伤时，牙痕是什么形状啦；一种“相扑玩偶”的构造啦；当天的饭菜种类、味道啦；大蒜的学名是什么啦；小孩子尿布的系法啦；还有一些完全不登大雅之堂的个人经历或者知识。现在回想起来，有很多内容连我自己也很难弄清，究竟是在什么样的心态作用之下，写出这些东西来的。不过，抛开这些不谈，毫无疑问，当时自己一定是视那些记录的内容为一项全新事实的“发现”而无比感动的。我将这种记事簿，自封为“发现记事簿”。

以文字书写

没有纸张，没有铅笔，望着天空思考问题，是一件饶有兴味的事情。但是，却又不是不着边际地胡思乱想。因为，与其咬文嚼字地堆砌逻辑理论，倒不如凭空思考问题更为直截了当，精辟透彻，洞察思想脉络，达到入木三分的境界。

我在学生时代，对于数学颇感棘手，常常为破解一道难题而伤透脑筋。但是，我发现，一旦抛开纸张、铅笔，仰身在地，漫天列出数学公式，难题便会迎刃而解。自此以后，数学功课竟然变戏法般地突飞猛进了。这也许是因为自己将数学视为一种思想，而不仅仅是当作一种计算技术对待之故吧。

据说，大宅壮一在上中学的时候，就是在上学途中，在自己的脑海里，勾画出稿纸的方格，而后填写文字的。也就是，在自己的脑海里凭空遐想构思文章，算得上一种思想的心算。

不过，“发现记事簿”的原理则与那种情况截然相反。要事无巨细地、一丝不苟地全都记录下来。无论是不经意的发现，还是转瞬即逝的闪现，全都抓住不放，写成文字。

由于我们这种做法，需要一定的毅力，所以，并没有仰望天空、算数学难题或者构思文章那样的乐趣与悠闲。但是，正因为如此，才引起我们注意许多心算无法察觉的问题。我认为，我们持久不懈地书写“发现记事簿”，在准确观察、缜密思考方面，是一种绝佳的训练方法。

有效素材的积累方法

正如运算数学公式时，心算与笔算各有所长一样，在开发启迪人们的思想方面，横空构思文章与执笔撰写文章，同样是各有其妙。虽然与人们的性格和习惯不无关系，但是，在事情的脉络洞察、逻辑的结构布局方面，我们起码是在很多事情上，没有书写文章，而靠横空思考圆满解决。不过，素材的积累却不能如此草率地进行。固然，人们赖以进行思考的素材——事实以及命题，归根结底要从人们的记忆之中召唤出来，但是，这样的记忆能力，在我身上，则完全是一种很不靠谱的捕风捉影。因此，一旦有所发现，就要不失时机地写进“发现记事簿”里，以便积累素材。

人们的记忆不足凭信这一事实，也是我们在使用“发现记事簿”的过程之中，凸显出来的一大“发现”。其证据就是，在我重温自己的“发现记事簿”时，屡次见到内容完全相同的“重大发现”。以前已经有过的“发现”早已忘在九霄云外，却又将完全相同的历史，重新“发现”了一次。

不过，总而言之，好在记录保存在案，毫无意义的重复“发现”也可以甄别筛选出来。假如这种情况毫无文字记录，那么，即使我自己感觉每天都有重大发现，我自己的实际智识活动内容，或许就只是待在和若干年以前同样的地方原地踏步，毫无进展。只要留下文字记录，以前的发现就会成为以后发现的跳板，就有可能日积月累成为一个庞然大物。说一句抬杠的话吧，这种无数次“发现”同样情况的“发现记事簿”中的失败教训，反而会从反面告诉我们“发现记事簿”的有效性。我认为，在建构人们的思想体系方面，“发现记事簿”仍然是一种十分有效的素材积累方法。

捕捉发现

所谓“发现”，大多数都是突如其来的意外情况。一些每日若斯、司空见惯的寻常事物，在彼时彼刻却会突然以一种全新的含义，呈现在我们面前。我感到，譬如，就像宇宙射线那样，从天体的某一角落射来一种我们肉眼无法辨认的粒子，其中，一颗击中了我，当它穿过大脑皮层，届时就会有一个新的“发现”应运而生了。

宇宙射线，我们的肉眼无法辨认。要想观测并且记录肉眼无法辨认的宇宙射线，就需要一种能够以我们肉眼可以辨认的形式捕捉射线的装置。一种名为

“威尔逊雾室”的装置，就是这种东西。

当宇宙射线，从浩瀚天体的某一个角落，持续不断地射到我们的地球上来，自然会击中任何一个人的大脑皮层。因此，“发现”自然会在任何人的身上发生。但是，它是来去匆匆，转瞬即逝的。究竟是视而不见，任其转瞬即逝呢？还是不失时机地将其捕捉，培育为自己的思想素材呢？它就取决于你是否拥有“威尔逊雾室”那样的装置。我们的“发现记事簿”，活脱脱就是一个“威尔逊雾室”一样的装置。

在“发现”中，蕴含着一种十分特别的发现感觉。要说起来，就是这样一种感觉：仿佛一直断开的电路，突然之间合上了闸，顿时，电流接通！每当这种感觉产生的时候，我就会飞快地取出“发现记事簿”，哪怕自己正在路上行走，也要急忙将这一“发现”记录下来。

只要条件许可，“发现”就要在当场立即写成文章。如果条件不许可，则在当场写下该篇文章的“标题”。事后，抓紧时间，补充内容，完成文章。只写文章标题，时隔几日，“发现”就会褪色、枯萎。“发现”之中，总会或多或少地伴随着自己的感动。如果不趁着感动尚未褪色、枯萎写成文章，那么，就会永远都写不成了。

记事簿的结构

为了给那些有意成为莱奥纳多·达·芬奇徒子徒孙，并且，想要撰写“发现记事簿”的热血青年提供一点参考，我简单介绍一下记事簿的一些具体情况。

正如前文所述，所谓“发现”，纯粹都是突如其来的意外情况。由于我们必须当场捕捉“发现”，立即记录下来，所以，作为记录手段的记事簿，必须随时随地带在身上。这是有关“发现记事簿”的第一原则。

由于大学里使用的笔记本，装不进衣服口袋，所以，要使用小记事簿。不过，它不是仅仅记录要点、大意、提纲，而是要撰写短小论文的。从这一点上讲，倒是大一点的好。我们经过多方尝试，为了满足截然不同的两个要求，最终选定一种比新开本书略短的规格。

还有一点，为了满足在没有桌子的情况下也能书写的要求，记事簿的封面索性采用厚的纸板。这样一来，翻开记事簿纸页，左手托着记事簿，站在那里就可以书写了。由于要在相当长的时间内随身携带，所以，记事簿的装订必须十分牢固。记事簿的内页印上横线即可，除了印刷日期以外，其他多余的东西，一概可以省略。由于市场出售的记事簿类，没有十分理想的可用，所以，我们也采用订货的方式，大批量购买称心如意的记事簿，分发给伙伴们使用。

一页一事

在使用过程中，我们对记事簿的使用方法也做过一些技术性的改进。由于“发现记事簿”并不是一种单纯的心灵成长记录之类，而是一种旨在进行智识积累的手段，所以，必须保证它能够在日后方便使用。姑且不论，在我们所做的记录之中，日后实际上有多少得到利用，但是，我们最起码要事先确定一个利用的方法。一件事情，如果连它的利用方法都没有确定，那么，它是无论如何也不会长久持续下去的。

为此，我们必须在实际行动上下一番功夫。起初，我们把每一页都写得密密麻麻，一页接着一页地写下去。这样一来，日后利用起来会很不方便。因此，我们后来确定了一个原则：一页一事，就是在每一页上只记录一件事。并且，要在该页的最上面一栏，写上可以对该页内容一目了然的简明标题。无论多么简短的记录，只要内容有所变化，就必须另起一页。如果一件事情的内容过多，需要占用两页以上，则要在每一页都写上标题，并且，从第二页开始，标出“什么什么的（续）”的字样。

编写索引

一本手册有时候会很快用完，有时候却很长时间也使用不完。当我们将一本手册使用完毕的时候，一定要编写索引。由于每一页上都写有标题，所以，编写索引不费吹灰之力。编写索引的工作绝对不可忽略。通过索引，我们既可以查出愚蠢的“重复发现”，还能够对自己的发现、自己的知识加以整理，找出它们之间的相互关系。反复不断地进行这种工作，自己那并非空穴来风的思想，自然就会渐渐形成。

说句实话，我现在已经不再使用我们正在讲述的这种形式的“发现记事簿”了。因为现在，“发现记事簿”的功能已经由卡片取代了。“发现记事簿”的“一页一事”原则，编写索引整理资料等等方法，也都在与时俱进，融入了卡片系统。然而，我认为，即便是在今天，根据情况的变化，譬如，在外出观光旅行等等场合，记事簿比起卡片来，还是更为方便一些。同为智识生产的技术手段，记事簿与卡片应该是各有长短吧。

2. 由笔记本到卡片

照搬国外的传统

接着记事簿的话题，我们再来谈谈笔记本吧。在日语中，我们将笔记本称为NOTE；而在英语中，NOTE的含义，则是笔记、备忘、注释等等。笔记本，准确点讲，应该是NOTE BOOK。

至于这个NOTE BOOK，我还有一段羞于启齿的记忆。我是上小学的时候才开始学习罗马字母的。大学里使用的笔记本，在封面上赫然印刷有NOTE BOOK的字样。我当时并不知道，那些字样是英语词汇，也不知道它与日语里的罗马字母有所不同等情况，所以，也就直接按照日语罗马字母拼读起来了。NOTE BO倒是比较简单，读作脑特宝就行了。最后面的两个字母OK，我不知道该如何拼读，就想当然地认为应该是写KO的，印刷厂的排字工人一时疏忽，将两个字母顺序倒置，误排成了OK。于是乎，我就自以为是地纠正了字母顺序，便变成了 NOTE BOKO，重新拼读，就读作了脑特·宝考。我以为，大学里使用的笔记本，就叫作脑特·宝考。

直到今天，每当我走进文具店，看到依旧当年模样，琳琅满目的脑特·宝考，情不自禁地就会一阵脸红。他们为什么会多此一举，非要画蛇添足地特意使用英语，在封面上堂而皇之地将妇孺皆知的“笔记本”一词印刷在上呢？我以为，这恐怕还是在明治时代，从美国或者英国进口笔记本的时候，人家已经是那个样子了。在其后的一个世纪，这些文字已经在日本的笔记本封面上深深生根，成了化石，一成不变地流传下来。细想起来，这还真是一个历史悠久的传统呀。

不过，之所以提出这样一个话题，乃是因为我认为，照搬外国的传统并不仅仅是笔记本的封面，或许连笔记本的内部结构都是原封不动，全盘照搬过来的。我所说的笔记本“内部结构”，是指笔记本纸页上印刷的线条。日本的笔记本里，分隔线的行距宽度，是依据什么标准而规定的呢？那恐怕也是一种照搬国外的文化现象吧。

天皇的笔记本

据说，我们日本的天皇，作为一位生物学家，他也要将自己在那须御用府邸等等处所观察自然现象的结果，仔仔细细地记录在笔记本里，一笔天马行空、悠然自得的楷书，遇到笔划多的汉字，就豪放不羁地超越行线，毫不在意地占用别的纸行，跨行尽情挥毫。贵为国君帝王的天皇，御用笔记本原来如此呀，我不禁感慨万千。

但是，仔细想来，在大学里使用的那种笔记本，用于书写字体简单的英文字母倒还可以，而要书写笔划颇多的日文汉字，一般宽度的行距岂不过于勉为其难了吗？使用那样的笔记本书写日文，纵然不是国君帝王，恐怕超出行线之事也在所难免，情有可原吧。我主观臆断，这一点，会不会也和笔记本封面一样，是将过去欧美人使用羽毛笔，书写细体英文字母时期的行距分隔线，原封不动照搬过来的呢？当今时代的日本，自来水笔、圆珠笔等等早已广为普及，使用它们书写汉字夹杂假名的日文文章，以前的行距显然是过于狭窄了。甚至，要隔一行写一行才正好。

尽管如此，很多人却能够在那么狭窄的字行间，采用蝇头小楷，端端正正地书写文章，我实在是钦佩之至。或许他们以为，笔记本就应该是这个样子，他们似乎丝毫也不怀疑，只好自己削足适履，将字写得小点再小点。日本人患有近视病症的很多，归咎于日文汉字的笔划过多。或许应该归咎于人们在学生时代就被迫削足适履，屈从于照搬国外的狭窄行距，无奈书写蝇头小楷的陋习吧。

在大学使用的那种笔记本的行距，果真是依据某种标准制定的吗？我吁请有识之士不吝赐教。

笔记本的进化

在大学使用的那种笔记本的狭窄行距里，密密麻麻地书写蝇头小楷，既让人感到美不胜收，却又让人觉得无比压抑。不过，如果从日后要利用所写内容的角度看来，这种做法并不是一种明智之举。因为根本看不出什么地方写的是什么，不方便检索。笔记本倒不如写得零散一点，能够按照项目分头归类整理的方法为佳。写得密密麻麻一片，只是节省一点纸张而已。

我上高等学校的时候，每当对于节省纸张心灰意冷之际，就会认为：自己的笔记一定是大有长进了。因为我开始仿效学长们的做法，纸张只使用单面书写了。摊开笔记本，只在右面的一页上书写文字，左面的一页任其空着不用。日后，在左面的空页上，书写项目标题、右页文章的内容提要、注释、参考事项等等。远比写得密密麻麻的笔记醒目易看。

在学生时代，人人都会有过这样的经历，偶尔逃课，事后借来同学的笔记抄写。为此，一些人在笔记本里适当留出空页，但是，往往不尽人意，难以如愿。于是乎，他们索性采用可以随意添加插页的活页笔记本了。

我常常想象，如果有一种笔记本，不仅可以填补逃课的空缺，还可以进行书写内容的分类、整理以及纸页的增加、顺序的变更等等，该有多好。按照事项，一事一本，固然也是一种办法。但是，一旦要处理的事项十分庞杂，就要使用几十本笔记本，会搞得人晕头转向，一时间闹不清哪一本里记录了些什么内容。

于是乎，应运而生的大概就是活页笔记本吧。不过，在我们实际使用过市场出售的活页笔记本之后，才发现它的纸页夹持环存在诸多弊病。而且，活页夹无法牢牢固定，纸页容易断裂破碎，要想替代大学所使用的笔记本，还有重重难关需要攻克。

克服了上述缺点，能够充分发挥活页笔记本优点的，就是近日上市发售的螺钉紧固式活页笔记本。这种活页笔记本带有剪切线与线装孔。可以在一本笔记本上书写任何内容，事后，只需沿着剪切线剪下来，分门别类放进活页夹夹紧即可。采用单面书写方式，按照内容进行分类，学生则按照学科分类，只要改动页码，添加纸页、重新装订，便可自由自在地使用。

从笔记本到卡片

之所以喋喋不休地谈论笔记本的问题，其实乃是因为我想要探讨卡片的问题。我曾经使用过各式各样的笔记本，但是，它们全都不能令人满意。最终结果，我现在根本就不再使用笔记本了。取而代之，现在事无巨细，统统写在卡片上。虽然由于职业关系，我要书写大量的文字。但是，我却不再携带笔记本。再一次检查了自己身边，很早以前的不算，现在连一本笔记本都没有使用。前文所介绍的"发现记事簿"也在很早以前就已让位于卡片。所以，现在也许应该易名叫作"发现卡片"才对。

一提起不再使用笔记本，所有记录统统交由卡片承担，或许大家都会产生一种印象：似乎我的做法十分古怪、另类。其实，我并没有做过什么古怪、另类的事情。实际上，卡片本身也就是另一种形式的笔记本。卡片仅仅是零零散散，没有装订而已，其实质与笔记本完全相同，别无二致。

如果变换一种观点来看，鲁斯式活页笔记本或者菲拉式活页笔记本，其实就是一种夹在一起的卡片。

正如前文所述，这些活页笔记本的内芯纸页，可以随心所欲地取下、添加、重新插入。而且，这些活页笔记本的使用方法，如果采用按照事项换页，或者只用单页书写的方式，那么，它们不就全都具备卡片的特点了吗？使用鲁斯式活页笔记本或者菲拉式活页笔记本，与使用卡片实质上并没有多大的差异。

这样看来，笔记本与卡片的距离，并不像表面现象那么遥远。由笔记本过渡到卡片，也就是咫尺之间的事。

实际上，由笔记本向卡片的过渡，在实业界也已经与我们这些从事智识生产的人齐头并进。自从第二次世界大战结束以后，在席卷整个实业界的大规模办公革命的滚滚浪潮之中，一个十分引人注目的现象，就是账簿变换为票据。由古老的大福账脱胎换骨为近代的会计账簿，如今又换成传票式票据卡。仅凭小小一张票据卡，就能办理很多业务。而在我们这里，账簿也就是笔记本，也在潜移默化地渐渐淡出智识生产技术的舞台。不过，据说税务当局，对于以票据卡作为正式凭据文件，似乎还颇有微词，不无阻力。在这一点上，最终将会如何落锤定音，我还不敢妄下断言。

田野笔记本

我在学生时代，行走的是一条笔记本单行线，对于卡片，除了文献卡片之外，其他一概不知究竟。所谓文献卡片，就是一种记载图书或者论文作者姓名、刊登杂志名称、卷号、页次等等的索引卡片，对于一些与本人直接相关的文献资料，我都自力更生亲手制作。该卡片所使用的纸张，很早就属于图书馆用品，商店有现货供应。按照不同时间的研究课题，制作这种文献资料卡片的习惯，是我从高中时代养成的。

不过，我在此列为话题所要探讨的卡片，却与那种文献资料卡片完全不同，完全是两回事。假如我是一名只以文献资料为研究对象的书斋派学者，那么，自然就会大量制作出文献资料卡片。但是，我寻思，一旦如此，这种用卡片取代笔记本的想法恐怕就不会产生了。

如前所述，笔记本的弊病乃是：内芯纸页固定得死死的，所写内容的先后顺序无法变更。内芯纸页重新装订、同类事项集中归纳整理等等，均不可能。写在笔记本里的内容属于第一手资料，在我们必须对它们进行整理的时候，笔记本的这种弊病就成了致命的死结。如果说，笔记本适用于保存资料，那么，笔记本却不适用于整理资料。

我自从学生时代开始，就屡次外出调查旅游进行各种科学考察活动。在那些从事生物学以及地质学等田野科学研究工作的人中，很早以前就有书写田野笔记的习惯。田野笔记本基本上都是大小可以装进衣服口袋、带有硬质封面的小本子。就像记日记一般，将每一天的观察以及调查记录写进小本子里。虽然，在户外一丝不苟地书写田野笔记，是一件让人不胜其烦的事情，但是，如果养不成这样的良好习惯，那么，要想成为一名合格的田野科学者，简直就等于天方夜谭。我，自从学生时代开始，就经受了这样的训练。

不过，一旦田野科学考察旷日持久地进行下去，事后的资料整理工作，就会变得十分艰巨困难。由于田野笔记是按照时间顺序，将每一天发生的事情记录下来，所以，要想从大量的记录中找出同样类型的内容，简直犹如大海捞针，困难重重。面对堆积如山的零乱资料，让人感到沮丧气馁，不知如何下手。我改弦更张，开始使用卡片，就正是面临如此局面之时。

田野调查法与卡片

在第二次世界大战时期，我曾经在蒙古草原进行过游牧民族的调查。战争结束以后，我带着那些调查资料回到了日本。面对写得密密麻麻的几十本田野笔记，我一时不知所措：怎么处理这些资料呢？如果只是一页一页地翻阅资料，而后归纳总结，做出结论，那么，这些资料是绰绰有余的。当时，我想到了一个办法：将所有资料按照事项分门别类，全部做成卡片。

处在战后的穷困潦倒时期，一切物资都极其匮乏。不言而喻，卡片之类，商店自然没有货物可以供应。我在黑市里辗转买到一些大尺寸的纸张，自己动手裁开，制作卡片。而后将田野笔记的内容，一项一项地区分开来，抄写到卡片上。就这样，我制作了好几千张卡片。后来，我依据那些卡片，撰写了很多篇有关蒙古游牧民族的论文。

时至今日，这种方法早已经广为普及，田野研究成果的整理统统交由卡片承担，这似乎已经成为基本常识。但是，在当时却根本没有前例可循，没有一个人给自己传授一点有关卡片的知识。卡片的大小尺寸、卡片的书写方法，都只能凭自己思考，闭门造车。如今翻出来一看，有一些地方当时为什么要那样处理，连我自己也百思不解。

后来，我又在日本国内积累了多次田野调查的经验，但是，事后的资料整理全都一如既往使用卡片。卡片经过了不断的改进，使用方法也已十分娴熟。同学、朋友也都纷纷仿效，相继采用了这种方法。

当时，曾经在大阪市立大学地理学教研室任职的川喜田二郎等人，在参与日本全国各地的地理学共同调查活动之中，尝试使用了卡片，取得了极大成功。后来，川喜田二郎又前往喜马拉雅山地区进行调查，在田野调查方法方面积累了颇为丰富的经验。当时，以京都为中心的自然史学会，活动十分活跃，该协会还以日本的科学工作者在国外进行的学术调查成果等等为主要内容，创办了一个名为《自然与文化》的学术刊物。以该刊物副刊【资料编】的形式，发表了依据川喜田二郎亲身经历撰写的论文《田野调查方法序论——尼泊尔纪行》。这篇论文恐怕是尝试对列为科学方法论的田野调查方法进行体系化的开山之作。在该论文中，对于在田野调查中的卡片使用已经列为基本问题。

就地制作卡片

这样一些尝试，无论长短大小，全都包含了由田野笔记向卡片上抄写资料的操作。虽然口头讲起来似乎十分简单，但是，实际进行起来却十分艰巨，毫不轻松。一旦田野笔记的数量庞大，从田野调查地返回，到完成卡片制作，往往需要几个月时间。需要大量人力，花费不少经费，而且，抄写时候出现的笔误，无论多么注意，也在所难免。有没有一种办法能够在田野就地制作卡片？这是一个很大的问题。

这个问题，只要肯于动手，就有可能得到解决。我们从田野调查之初就将卡片带到现场，从考察活动一开始就将观察结果与所见所闻直接写在卡片上。我自己在日本国内进行调查的时候，也曾多次采用这种方法。但是，不管怎么讲，在田野调查的时候，总是忙得团团转，要想当即完成不知要等到猴年马月才能派上用场的卡片，的确非常困难。所以，最初的记录还是记笔记更为简便易行。

从 1963 年开始直到第二年，我在东非又一次进行了有关游牧民族的调查。调查队已经在两年以前，先期在那里设置了固定营地，调查工作正在持续进行之中。在营地的帐篷里生活，衣食住都有诸多不便。但是，不知什么缘故，纸张等等文具一类倒是多得出奇。调查队的全名是 Kyoto University Africa Scientific Expedition（京都大学赴非洲科学考察队），缩写为 KUASE。我们戏称 KUASE 的 SE 是 Stationery Expedition（文具）的缩写，不禁开怀大笑。

然而，让人不可思议的是，营地里竟然没有卡片。我在那堆积如山的文具箱包里找了又找，但一张卡片也没有找到。相反，B5 开本的螺钉紧固活页笔记本却比比皆是。同在一个帐篷里面工作的日本天理大学副教授和崎洋一，本来就是一位手脚十分麻利的人，只见他操着订书机和 ET 裁纸刀等等简单工具，转眼之间就将一本 B5 开本的活页笔记本变成了两本 B6 开本横向较长的笔记本。这样大小的活页笔记本，只要去掉紧固螺钉，拆下内芯纸页，就可以直接作为卡片使用。在书写的时候，是一本笔记本，原封不动就变成了卡片。和崎洋一把他自己将近一年时间的田野调查结果，全部记录在这种笔记本式卡片上，制成了几千张卡片。采用这种方法，就省去了将田野调查结果从田野笔记本上一字一句地抄写到卡片上的麻烦，笔记本摇身一变就成了卡片。这样，不必等到回国之后，人还没有离开田野现场，就已经将田野记录初步整理就绪了。

将田野调查结果写到卡片上的方法，川喜田二郎后来仍然一如既往，坚持不懈地继续进行研究，如今已经推出了非常巧妙的方法。首先，要携带记事本到田野现场。而后将内芯纸页一张张剪小，在纸页背面涂上胶水。在这种记事本里，使用方便记忆的简短词语，书写"现场记录"。回头在宿舍里，使用剪刀，将记事本纸页按照事项单元一一剪开。接下来，将其按照观察事项的归纳结果，逐一粘贴在纸板上。然后，看着纸页，将"归纳整理记录"抄写在卡片上。按照川喜田二郎的方式，从田野调查现场返回营地以后的研究工作，全部采用穿孔卡片进行。不过，他说，如果将穿孔卡片带到田野调查现场，当场一举写成"归纳整理记录”，那就好上加好了。

共同研究

我们使用的卡片，除了这种田野科学研究所用卡片之外，还有另外一种系谱。大约从 1950 年前后开始，在京都大学人文科学研究所里，以桑原武夫教授为中心，开展了一项名为“卢梭研究”的共同研究活动。这一共同研究活动成为后来共同研究活动的楷模，在人文科学的研究方法方面具有划时代意义。同样的方法，为后来的“法兰西大百科全书研究”共同研究班所继承，我本人也曾参与其事。在这些共同研究活动中，起到纽带作用、连结众多科学研究者的功臣，就是卡片。

当时的做法是，参加共同研究工作的全体科学研究者统统使用同一式样的卡片，采用同样的方式书写，力求以此创造一笔巨大的共享财富。“百科全书”的原文自不待言，还有形形色色的读后感、考察报告、回忆录以及其他一切，无所不行，要求大家尽管去写。为了对卡片本身习以为常，司空见惯，允许大家在共同研究活动以外的用途使用。当时，在京都大学执教的鹤见俊辅等人，都是热情洋溢的实践者，哪怕是正在茶馆喝茶，只要一想到什么，立即就会从衣服口袋里取出卡片，书写起来。

我不知道，在共同研究活动中桑原武夫教授使用卡片的思路从何而来。在《桑原武夫全集》（朝日新闻社出版发行）第四卷中，收录了桑原武夫教授在京都大学退官纪念演讲会上的发言《人文科学的共同研究》，其中，也提到了卡片系统的问题，但是，对于它的来源并未加以说明。

开展这种共同研究活动，如果办事机构里没有一位精英人物担纲，那么，必定会遭到挫折。幸而，在“百科全书”的共同研究班里，有一位人文科学研究所的副教授樋口谨一打理其事，所以，共同研究得以大获成功。不过，共同研究一开始就曾明文规定，所有卡片统统一式两份，其中，一份作为共享财产，上交共同研究班；一份留存自用。不过，此举有点纸上谈兵。最近，一种压力复写纸问世，不必使用复写纸便可复制，已经制成类似卡片簿一样的商品上市供应。使用这种东西倒还可以凑合，一般而言，同样的卡片书写两遍，那可真是麻烦透顶了。

总而言之，卡片走红，大显神威的两项共同研究成果，1951 年的《卢梭研究》、1954 年的《法兰西大百科全书研究》，双双告捷（均为桑原武夫编，岩波书店出版发行）。

基于川喜田二郎在田野研究中的经验、樋口谨一在共同研究活动中的经验，再加上我的一些经验，我们三人合著而成的论文“研究中的卡片使用方法”，拟定于《自然与文化》资料编第二号出版发行，已经发布了新刊预告，但是，最终未能如愿。

京大型卡片

“百科全书研究”由于我有幸参与，所以，卡片的配发十分到位。而且，在使用卡片的过程中，我还注意到，这些卡片，最终无论什么内容，都写在上面了。于是乎，以前只供田野调查资料整理使用的卡片系统，一下子扩展到了整个智识生产领域，一切笔记本统统可以束之高阁，全凭小小一纸卡片就可以了。不言而喻，“发现笔记簿”也被收纳在卡片之中。

后来我才了解到，将卡片像“发现笔记簿”一样使用的开山鼻祖，似乎乃是日本人新井白石。这位18世纪的文化名人在他的和服衣襟内，时常揣着一束束卡片。每当心有所思，立即记录在卡片上。卡片所使用的纸张，当然是日本自己生产的和纸，书写工具自然是那种古老的矢立*。不过，在原理上，它则与现在

* 日本古代书写工具名称，其形状有点类似旧时的水烟袋，毛笔带有一个墨汁壶，笔墨集于一身，方便外出使用，也算是一种资深自来水笔吧。——译者

异曲同工，如出一辙。

在开展“百科全书研究”课题的时候，我们配发的卡片为B6开本规格，采用笔记本那样的纸张，双面都印有横格线条，还开了两个孔，作为卡片并不是完美无缺的。我综合了以前的经验，自己动手设计了一种卡片，到图书馆用品专业商店定做。它就是我现在所使用的自己原创卡片的原型。所用纸张稍厚，背面纯白并不印刷什么，也不打孔。至于卡片的制作方法，我将会在后文再次介绍。

由于这种卡片颇受称赞，需求者甚多，所以，我就集中大批量印制，四处分发使用。后来在不经意间，我设计的这款卡片已经广泛普及，乃至于竟然有人反过来向我推荐：“卡片，还是这种最好。”再后来，我发现自己设计的卡片竟然赫然摆放在文具店的货架上出售。那种商品被冠名为“京大型卡片”。我已经下定决心，慷慨大方地将专利权转让给京都大学。

3. 卡片及其使用方法

卡片的尺寸

下面就来介绍一下我基于田野调查的资料整理以及共同研究的切身体会，开发出利用卡片进行智识生产作业这种方式的来龙去脉。这种方式，我们在习惯上称之为卡片系统。后来，这种卡片系统朝着四面八方扩展延伸，如今已经在相当多的用途中大展身手。

首先，我有必要对卡片本身再做一点更详细的介绍。关于我自己设计的卡片或者现在人们称之为京大型的卡片，有很多人前来咨询。索要样品的，要求订货的，大有人在。在此，我们就以这种京大型卡片为例，探讨一下人们通常使用的卡片什么样的最好吧。卡片系统应该以长期持续使用为前提条件。如果中途变更卡片尺寸或者纸质，那就非常糟糕。所以，使用卡片系统之初就必须设计出完好的卡片。

首先是卡片的尺寸规格。至于通常的卡片，我也不知道是什么缘故，很多人都以为卡片的尺寸应该很小。根据我自己的实践经验，倒是应该做得大一点更好。那些想要制作卡片的人常常征求我的意见，我总是提出忠告：要做得大一点！但是，在他们做好以后，一看全都还是太小，充其量只有 A6 开本（10.5 厘米 ×14.8 厘米）大小。那种小小的卡片如果用作单词卡，或者图书卡或许还勉强凑合，但是，如果用于内容复杂的智识生产作业，就太力不从心了。

京大型卡片的尺寸也就是 B6 开本的大小。因为 B6 开本的尺寸规格是 12.8 厘米 ×18.2 厘米，所以，它的尺寸是相当大的。只要有这么大的尺寸，基本上就能应付裕如。很多人已经开始使用卡片，却又半途而废，弃之不用，我以为，会不会就是因为使用了尺寸太小的卡片之故呢。因为太小的卡片无论如何都会沦为“便条”一类无法承担真正替代笔记本的大任。

B6 开本尺寸之所以好，乃是因为现在各种各样的办公用品都是顺应这种规格而开发的。譬如，存放卡片的钢制卡片盒、临时存放卡片的应急卡片托盘等市场供应的商品，恰巧都是这种规格。另外，还出现了三档、五档的“标题索引卡”。并且令人百思不解的是，B6 开本的卡片除了制作京大型卡片的专业商店之外，其他地方似乎均不销售。没有卡片出售，却供应卡片容器以及零配件。这是什么缘故呢？如前所述，乃是因为账簿票据化的浪潮已经席卷了整个商界。那些卡片附属用品都是为票据配套服务的。

纸质与印刷

我们在制作卡片的时候，另外一个重要的问题就是卡片的纸质选择。如果纸质选择不当，那么，使用卡片的意义就会大打折扣了。

卡片，并不仅仅是在它上面记载一些内容，而后保存起来就万事大吉了。卡片，如果不能有效地利用，就失去了意义。卡片是要经常翻阅的。卡片一旦装进卡片盒里，我们就要像翻阅图书卡片一样，不断地翻阅它。为此，卡片纸绝对需要有一定的厚度，还要有挺得直腰杆的硬度。普通笔记本的纸张显得太单薄了。太单薄的纸张，我们在翻阅的时候必须小心翼翼才行。那样，使用卡片的一大优点——可以快速操作，就化为乌有了。

话虽如此，现在市场供应的图书卡等等所使用的纸张，又大都显得过厚。这种纸张一送进打字机里，卡片在端部就会弹跳起来，而无法打字。图书卡一类用途倒还可以凑合，但是，如果要想将一篇很长的文章，连边边角角都打印得完好无缺，那可实在力不从心。说一千，道一万，一定的柔韧度必不可少。恰到好处的“厚度”与“柔韧度”，也就是使用二根手指捏着卡片的边角，将卡片竖立起来，卡片基本上能够直立不倒。这样的纸张就合格了。

纸张的表面过于光滑的不太好。纸张应以吸墨性好的为佳。卡片往往要一张接着一张飞快地书写，写好的卡片堆积起来。如果墨迹干得过慢，就让人感到头疼。

考虑到各种各样的条件，我现在所选用的是105克的图画纸。并且，我使用的还是纸张的反面。之所以使用纸张的反面，乃是出于对笔尖流利程度与打字机击打情况的考虑，这也可能是我的个人偏好吧。

至于在卡片上是不是印上分隔行线，这或许也是个人偏好的问题，我以为，不妨印上为好。不过，为了不受行线的约束，印刷油墨的颜色以极淡极浅为宜。我的卡片，印的是浅蓝色行线。

至于分隔线的间距，当然要比市场出售的笔记本之类加宽很多才行。由于差不多有1厘米的宽度，所以，我暗自思忖，就是请当今天皇使用起来恐怕也不会感到不便吧。

再者，不言而喻，卡片的反面不必印分隔行线。卡片原则上只使用单面书写，反面最好不要使用。而且，卡片正面除了分隔行线以外，最好什么都不要印。像政府公文那样印得杂七杂八，最终只能给卡片的使用方法横加限制。另外，仅仅印分隔行线，印刷费用也便宜很多。

这样制作的卡片，乍看起来，并无什么新奇，但是，我认为这种单纯正是充分发挥卡片系统效果的必要条件。专供卡片系统使用的卡片，必须是能够适用于各种各样的智识生产作业的，多用途万能型卡片。越是画蛇添足，印得花里胡哨，其用途也就越发狭窄，难成气候。

随身携带卡片

要想充分发挥卡片的作用，就必须随时、随地、随身携带卡片。为了能够达到这一目的，我们还需进行一番准备工作。首先是卡片的封皮。我所使用的是硬质塑料板。使用两块硬质塑料板夹住卡片，而后使用胶带缠紧。只需缠上两道胶带即可紧固，变得像书本一样。只要硬质塑料板横竖方向的宽度都比卡片大出几毫米，卡片的边边角角就不会受到损害。硬质塑料板在田野还可以当作活动小桌子使用。有的人煞费苦心，在卡片的左端边缘打两个孔，穿上套环。我觉得，没有必要这么做。又不是银行的储蓄卡，没什么必要非用套环穿起来不可。而且，一旦开孔，卡片的有效使用面积将会减少，书写的时候，套环也会妨碍手部的动作，这是徒劳之举。

这样，随时、随地、随身携带卡片的准备工作便告完成。我自己就是如此，随时、随地随身携带大约50张卡片。只要有了这样一些卡片，无论在什么地方都可以稍稍进行一番智识生产作业了。由于只不过是相当于携带一本B6开本并不太厚的小书，所以，也算不上多么沉重的负担。既可以将卡片放进衣服口袋，讲究仪表的人，也可以将其放进手提包里。

为了忘却而书写

下面我将要介绍卡片的使用方法。不过首先要从卡片书写的基本原则谈起。

人们对于卡片常常存在一种误解，认为卡片就是一种旨在记忆的工具。这种误解可能是由学习英语使用的生词卡等等所产生的一种联想，不过，这其实完全本末倒置了。假如想要记忆在自己的脑海之中，就没有必要书写在卡片上。既然书写在卡片之上，就是为了将这段内容忘却。为了不害怕忘却而书写在卡片之上。如果套用标语口号的方式来表达，就是“记录，以便忘却”，或者是“不装进脑海中，而装进卡片盒里”。

在这一点上，卡片酷似电脑。电脑也是由机器来代替人脑进行记忆的。的确如此，这两种“装置”有着某种共同之处。二者都是旨在进行智识生产的工具，或者叫作“忘却装置”。

卡片是为了忘却而书写的。这一点与卡片的书写方法，关系十分重大。一件事情只要书写在卡片上，我们就可以放心大胆地将其忘却。于是乎，我们在书写卡片的时候，就要本着忘却的前提条件来进行。也就是说，要怀着这样的思想准备来书写卡片：在事后阅读这张卡片的时候，所记载的内容已经忘得一干二净。因此，没有代码的符号、只打算自己一个人看得懂的要点式书写方法，应该弃之不用。因为如果时隔一年之后，恐怕连自己都不知道究竟写的是什么了。千万不可忘记：自己本身随着时过境迁，就会与别人完全一样了。

我尽可能不依赖自己的记忆。大千世界，固然有的人能够过目不忘，记忆力超强。但是，大多数人的记忆力往往不足凭信。我不太信任那些想要凭借记忆进行智识生产作业的人。

卡片一定要一丝不苟地写成完完整整的文章，让别人看起来也能够一目了然。我在介绍“发现记事簿”的时候曾经说过撰写短小论文的要求。这一原则对于卡片也是完全相同的。要知道卡片并不是便条。

另外，再简短的论文也一定要加上“标题”。只要在卡片的顶上一栏写上标题，检索起来就十分方便。“标题”虽然也可以采用短小论文的标题，但是，倒不如选取所记载内容的一行文字当作标题更加直截了当。

一卡一事

笔记本与卡片的差异就像冲洗过的整卷彩色胶卷与剪成一帧一帧的底片的区别。整卷胶卷忠贞不贰地保持着拍摄照片时的原有顺序，但是，如果想要按照内容分门别类加以利用，那么还是剪切过的底片更加精确，更加方便。

不过，剪切过的底片如果没有印上拍摄日期与顺序编号，其前后关系往往就会莫名其妙了。同样道理，卡片书写也应该养成标明日期的良好习惯。我采用的方式是，在卡片的左下角标注日期。另外，还有同一事项接连占用很多张卡片的情况。届时，就要编写系列流水号。譬如，同一事项接连有8张卡片的时候，第三张卡片就编号为3/8。我是在卡片的右上角标出。

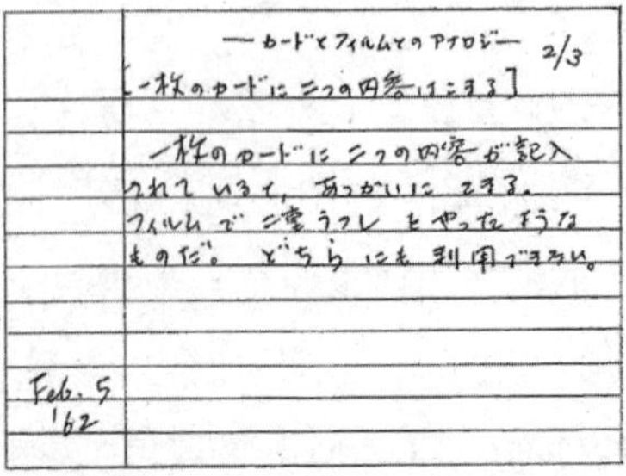

我们继续以胶卷为喻，最让人感到头疼棘手的问题

大概就是重影了吧。两个内容叠印在一帧画面里，两个内容全都没有办法利用。卡片也是一样，如果一张卡片记载了两个以上的内容，也会让人大伤脑筋。一张卡片记载一件事情，这一原则极其重要。

问题在于什么才算是“一件事情”？这一计量单位的确定乃是成败关键。这一点除了凭借实践经验以外，别无他法可以借用。初次采用卡片法的人大都是在一张卡片上，记载了太多、太杂的内容而导致了失败。不如索性痛下决心，将其细分为一个个小的事项，反倒能够取得成功。哪怕一张卡片上仅书写了一行内容，那也不必在乎。对卡片过于吝啬，就无法使用卡片。

分类不是目的

却说在卡片写好之后，我们就要将它放进卡片盒里。刚才已经讲过，卡片盒能够容纳 B6 开本卡片的钢制品种，市场里备有现货供应。不过，不使用钢制卡片盒，使用木箱或者瓦楞纸板箱也未尝不可。

一提到卡片，似乎人人都会关心：卡片分类如何进行？或者是，一提到卡片，人们就一定会联想到，那些数以千、万张计的大量卡片，井然有序地分类存放于箱、柜之中。不过，这是一种认为卡片本身就是一种将知识加以分类、存储的工具，这是一种十分普遍而又情有可原的误解所造成的差错。最起码，列为智识生产工具的卡片与那种东西有所不同。

诚然，一张张卡片的确是一种经验与知识的记录。但是，我们将它们制作成卡片，其目的并不是要将知识加以分类、存储。纵然拥有数以万张计算的大量卡片，如果只是藏而不用，那就毫无意义。必须将卡片盘活、用好才行。何谓盘活、用好卡片？那就是，操作卡片，进行智识生产作业。

可以操作乃是卡片的一大特点。假如只是要求能够积累与存放，那么，使用笔记本也就足够了。不是由于笔记本里所记载的知识，往往容易尘封至死，所以才使用卡片的吗？在操作卡片的过程中，最最重要的是重新组合。将知识与知识翻来覆去进行多方组合。或者，翻来覆去进行多方排列。这样一来往往就会发现，乍看似乎风马牛毫不相及的卡片与卡片之间，竟然存在着我们意想不到的千丝万缕联系。届时，我们要当即将这一新的发现写成新的卡片。这个时候，同样的材料通过不同形式的重新组合，可能进一步又有了新的发现。这并不是知识的单纯积累作业，而是一种智识创新作业。与其说卡片是一种积累装置，倒不如说它是一种创新装置。

在某种意义上说，卡片就是通过这种形式，将人们肉眼难以辨认的脑细胞功能，展示在人们眼前。或者说，它是要通过人们肉眼可以辨认的形式，在人体外部操作，助推人们在脑海里进行作业。

由于这种缘故，所以，即使身边积存了一些卡片，我们也大可不必对它的分类方法神经过敏，忧心忡忡。其实，确定分类方法，本身就是在自己的思想上划出框框，定下调子。一旦将卡片扔进严丝合缝、密不透风的分类体系之中，那些卡片往往会石沉大海，窒息而死。卡片分类还是少安毋躁为好。

在某种意义上讲，它或许并不是分类这么简单的问题。我们并不是要按照知识的客观内容进行分类，严格地讲，我们更应该按照自己对于主体的关心程度进行分类才行。虽然莫名其妙地发生了一定的兴趣，但是，却连自己也不明白，它究竟属于哪一种类型的关心，这样的情况并非凤毛麟角。彼时彼刻，我们不妨开列一些“未经整理”、“有待确定”等项目，将卡片暂时存放其中就好了。无论未经整理的卡片积存多少，丝毫都无碍大局，没有关系。因为，正是这些未经整理的卡片，才是产生新颖创造的源泉。

我喋喋不休地反复强调，卡片的分类并不重要。反反复复地**翻阅**卡片，才是至关重要的。要不断地取出一些卡片，进行各种各样的排列组合。只要我们反复不断地翻阅下去，那么，纵然积存了数以万计的大量卡片，它也绝不会是藏而不用的。

历史的再现

列为智识生产技术的卡片系统，可以使用在各种各样的场合，凭借形形色色的方法，充分施展，大显身手。研究过程、研究结果、研究方案、研究计划、会议纪要、讲课教案或者演讲草稿、亲朋好友通讯录、个人著作目录、图书以及物品出借凭据、读书记录以及摘抄等，同样一种卡片便可包罗万象，将之一网打尽。

按照各种用途，分门别类使用不同类型的卡片，这种方法乍一看来似乎合情合理，但是，在实际上，只是徒然将本来简简单单的事情搞得复杂零乱罢了。在书写卡片的时候，千万不要按照内容加以区分。反正，我们也是暂时将事情书写在同样一种卡片上。如果需要分类，那么，就在我们往卡片盒里放卡片的时候再进行。

其实，这本书稿我也是依据这些卡片来完成的。早在自己还没有动笔之前，我已经积攒了很多，记录有关“智识生产技术”问题的卡片、或者有关卡片系统问题的卡片，以及随时随地、所思所想问题的卡片。现在，从卡片盒里取出这些卡片，排列开来一看，单凭这些卡片就已经差不多构成了本书初稿的基本框架。

虽然卡片乃是另外一种形式的笔记本，但它又是超越笔记本之上的另类。一本本笔记本辛辛苦苦书写的内容，却一成不变地酣睡其间，很难随时唤醒。然而，卡片则不然，只要我们适当加以分类，多少年以前的知识以及构思，顷刻之间便会展现在自己的面前，如同探囊取物，召之即来，来之能用。卡片方法真是一种再现历史的技术，一种变时间为物质的绝招。

有限的恐惧

卡片这种东西竟然有不受人们欢迎的现象，实在是匪夷所思，令人不解。特别是在一些高级知识分子之间，对于卡片，似乎充斥着一种传统性的排斥感，或者不信任感。

譬如，当我开始在《图书》杂志上连载《谈谈智识生产技术》文章的时候，偶尔看到在同一期杂志上，作家高桥知巳撰写的文章竟然说什么“经卡片整理过头的精神，反而会一片空白，成为不毛之地”。我不禁暗自感到一阵好笑。

我对于高桥知巳的心情也非常清楚。说句老实话，我自己也有同样的想法：思想这种东西乃是一种条理明晰、脉络通畅的完整体系，并不是可以拆得七零八落、写在一张张卡片上，进行机械性加工处理的。我甚至感到，凭借卡片整理知识等等行为，乃是目光短浅的效率主义者之所为，最起码不是处理思想问题的科学之举。这个问题，有一点类似人们对于电脑的不信任感。无论效率多么惊人，也不可能使用它来处理无比高级、无比复杂的人类问题……

其实，卡片这种东西在我们开始使用之前，甚或在开始使用以后，在心理上都会有很强的阻力。尽管明明知道卡片十分方便，却会产生一种厌恶感。譬如，将自己的知识以及思想写进卡片，摆放在面前一看，一种不快的心情便会油然而生：什么玩意儿！就这么一点点吗？仿佛感觉自己的自尊心受到了伤害。

我们似乎总是将一种与无限世界的联系作为自己的心灵支柱。一张张小小的卡片却将这种梦幻连根打碎，彻底颠覆了。我们那种本该是无限丰富、取之不尽用之不竭的知识与思想，却被转化为极其渺小、弱不禁风、不堪一击的物理量，呈现在自己的眼前。使用卡片必须在精神上十分坚强，足以战胜对于有限性的恐惧才行。

对于卡片的批评

人们对于卡片的厌恶感或者不信任感，我也很清楚。但是，我自己依然认为，卡片作为旨在进行智识生产的工具，是卓有成效的。我坚信不疑，自己迄今一直大量使用卡片，今后也会一如既往地使用卡片。

不过，工具毕竟就是工具。工具乃是为人所用的，如果反过来人为工具所用，被工具牵着鼻子走，那就成为一个悲剧了。为了娴熟使用工具，就要对该种工具的构造、性能了如指掌，将其恰如其分地使用到可以大有作为的用武之地。世界上还没有任何一种万能工具。而且，工具这种东西也是熟能生巧，如果不熟悉使用方法，那么效果也就无从谈起。不能只看到工具的形状，只看到一点点皮毛，就不屑一顾。极其简单的工具，只要使用日久，得心应手，也能发挥大的作用。

虽然对于卡片的批评以及不信任之声不绝于耳，但大部分都出自没有亲身体验者。这种事情无论你赞成还是反对，如果只是心里想一下，那么，毫无意义。如不付诸实行，就一点用处都没有。至于卡片是不是会让精神成为不毛之地，也要在行动之后才能得出结论。

我从来也没有说过，卡片会在任何一方面都尽善尽美等等。卡片还有一些缺点。其一就是：卡片很难与其他文件资料一起，存放于“一个卷宗”里。要将所有文件资料全部制成卡片恐怕比登天还难。在某一天，必须将其与外来文件资料以及纸片一起处理的时候，卡片一定会跳出来，让人束手无策。

另外，使用卡片的人越是老练，越是娴熟，卡片的数量也会越来越多。有时候，我外出的时候，竟然需要携带二三百张卡片。数量如此之多，体积与重量都不可小视，还真有点麻烦。

虽然笔记本也是一样，但是，特别是卡片，如果不是常年坚持不懈地进行下去，就会收效甚微。换句话说，这就是一个积累效应的问题，如果一时兴起，搞一阵子，恐怕连自己在干什么都还没有弄清楚，就已开始厌烦，打退堂鼓了。

旨在进行智识生产而使用卡片的方案，恐怕差不多的人都动过一番脑子。其中，不仅仅动动脑子，而且付诸实行的人也为数不少。我认识的朋友里也有很多。不过，仔细一看，似乎全都难以持久。其中，虽然也有做法存在问题，不能很好地发挥效果的情况，但大多数都是因为没有养成“写卡片”的习惯。对于这个问题，在没有完全形成习惯以前，如果不严格进行自我训练，就很难圆满解决。中途心灰意冷，打退堂鼓，大概就是准备不足，把事情想得太简单了。

重要的是要养成书写卡片的习惯。怎样才能养成习惯呢？除了扑下身子，付出艰辛努力，没有其他良方。譬如，下面这种方法不妨试一试：索性就一鼓作气，订购一万张卡片。只要将那一万张卡片堆放在自己的面前，就会将自己的退路堵死，也就打不成退堂鼓了。有了精神准备，斗志自然旺盛。

4. 剪贴与标准

初次剪贴

我记得自己在上小学的时候，报纸上刊登了一部连载小说，书名叫《良宽和尚》。我们班级的小伙伴们每天都听班主任老师给朗读一遍当天的连载内容，大家都十分开心。老师还把连载小说剪了下来，长长地连在一起，像卷纸一样卷起来保存着。良宽和尚的为人处事，与报纸上有值得剪贴保存的内容这一事实一起，久久地保留在我的记忆之中。

我自己动手剪贴报纸，开始于很多年以后。现在，仍然保留在我身边的最早一份剪报，是飞机航拍的喜马拉雅山照片。十分清晰的大幅照片，总共有15张。照片的说明文字介绍，是一支名为休斯顿探险队的探险队，冒着生命危险采用“殊死飞行”方式，在珠穆朗玛峰以及干城章嘉峰所拍摄的。从照片上看，那架飞机属于单发动机双翼飞机，号称“殊死飞行”，倒也并不夸张吧。那是当时的情况。

然而，我这一值得纪念的第一份剪报，却不知道是何年何月何日的事情。报纸剪贴的方法很简单，我从未学习过如何剪贴报纸，所以，自己并不知道还要注明日期。连刊登照片的报纸名称也没有记下。在报道的内容里，虽然写有“日本版权，属本社所有”的字样，但是，那个“本社”却不知道指的是哪一家报社。

至于年代，倒是好办，一查便知。翻开梅森所著《喜马拉雅——探险与登山的历史》（田边・望月译，白水社出版发行）的大事年表一看，休斯顿探险队的飞行时间是 1933 年。那一年，我只是初中二年级的一名学生。

不过，据梅森介绍，休斯顿探险队这帮人似乎很不靠谱。照片也是张冠李戴，拍摄的是玛卡尔峰，却误以为是珠穆朗玛峰。但是，照片的印象，至今看到，仍然感到十分震撼。作为一名刚刚开始对登山运动发生兴趣的初中学生，我肯定是大为感动，才想起剪贴这份报纸的。

剪贴簿

剪贴新闻报道这种作业，几乎所有的人至少都会尝试过一两次。人们似乎觉得，只要将报纸剪贴保存下来，说不定早晚有一天就能派上大用场。因为，实际上，新闻报道这种东西是全世界的精英记者们耗费金钱时间、付出精力、调查整理的信息集成，所以，这简直就是一座知识的宝库。只要采用科学合理的保存方式与整理方式，毫无疑问，人人都会从中获益。

问题就在于保存方式与整理方式。虽然，一时冲动就嘁里喀嚓开始剪贴报纸的大有人在，但是，他们往往还没有找到很好的保存方式与整理方式，他们费力费时剪贴的报纸，要么起不到多大作用，要么他们浅尝辄止，不能长期坚持下去，很快就打起退堂鼓。这种半途而废的情况，也为数不少。

我最初的剪贴都是粘贴在剪贴簿上。纸页折起来，不分正面反面，只管稀里糊涂地粘贴。至于剪贴簿，三十年以前的也好，现在文具店出售的也好，几乎没有一点变化。难道早在几十年以前，剪贴簿就已经定型了吗？

我以为，事情似乎并非如此。因为剪贴簿这种东西，仅仅是按照剪贴的顺序自然排列起来而已，根本就不允许按照事情内容进行分类与整理。如果只是少数几张倒还罢了，一旦剪贴的数量多起来，可就成了很大的麻烦。因为我自己也弄不清哪个地方粘贴了些什么东西，在关键的时刻就找不到自己所需要的报道资料，所以，简直没有一点用处。没有过多久，我就察觉了这种情况，从此就将剪贴簿弃之不用了。后来，我也没有找到好的方法可以代替，所以，对报纸剪贴渐渐失去了兴趣。

不过，我对于那种同一型号的剪贴簿竟然能从几十年以前开始一直销售到现在，实在是百思不得其解。购买剪贴簿的人们究竟是怎么样使用的呢？虽然无论如何也难以想象，人们使用起那样的剪贴簿来会得心应手。或者，这种剪贴簿永远都是提供给那些浅尝辄止的初学者使用也未可知。会不会，每个人都买回去一两本，粘贴一下之后，觉得实在不好，就弃之不用了呢？

贴在台纸上

在剪贴中断了很长一段时间之后，我从 1950 年前后又开始了带有一定体系性的新闻报道剪贴作业。这一次，我所采用的剪贴方式是放弃剪贴簿，改用零散台纸。首先，将牛皮纸裁成 A4 开本大小；而后仅仅在其单面粘贴剪报。不论新闻报道的篇幅大小，都要恪守一个原则：一张台纸只粘贴一篇新闻报道。几乎所有的新闻报道的篇幅都可以容纳在 A4 开本尺寸以内。篇幅更大的新闻报道一部分涂上胶水，多余部分折叠起来。无论篇幅多么短小的新闻报道，也要单独占用一张台纸。千万不要忘记在台纸上写明报纸名称、日期。

只要做到这些，事后再进行分类或者整理就得心应手了。既可以将类似的新闻报道、有关事项进行汇总；还能够按照实际需要，调整变更排列顺序。

这种方式大功告成，我的报纸剪贴作业总算步入了正轨。采用这种方式，最大的问题应该说是开始剪贴以前的那些准备工序。至于报纸剪切以后，粘贴在台纸上这些作业，统统交给孩子们，在业余时间里完成。不过，需要剪切什么样的新闻报道则必须由我亲自圈定才行。终于自己也变得怠惰起来，报纸越积越多。尚未圈定的旧报纸堆成了小山，又舍不得扔掉，占用了家中很大的空间，为此，我与妻子也不断发生口角。

从分类上架到敞开文件

文件资料的整理与保存，我一开始就考虑并且付诸实施的是一种分别上架的方式。我在自己工作室的一面墙上，用胶合板订成一些类似抽屉，但只有底板的搁架。板与板之间相距大约 5 厘米，组成了一百几十个空间。于是就可以设定出相应数量的项目来。确定好各个项目的放置位置后，就将那些剪报分别放进各自的位置。不仅可以存放报纸剪贴，还能存放一些小册子等等。我对此自鸣得意：资料“终于可以上架，不再装进脑子”。

这种方式，虽然方便了一些，但是，却存在一个缺点：分类项目固定下来，一成不变。至于分类项目有的时候还想进一步细化，而且也会想要改变一下各个项目的排列顺序。一旦搁架的数量受到限制，项目的发展与移动都将极其困难。

后来，我知道了解决这些问题的办法，即一种人们称为敞开式文件的方式。将所有文件资料统统放进一定规格的文件夹里，然后放到书架一类架子上保存。文件夹上带有突耳，上面可以写明项目名称。需要增加项目的时候，只用增加相应的文件夹就行了。而且排列顺序的调整、变更，一点也不困难。还有一点，这种方式的方便之处在于，小册子、报纸以外的资料都可以存放进去。我发现，一种大小正好可以容纳 A4 开本剪贴台纸文件夹，商店有现货供应。

这种进化过程恰恰与笔记本到卡片的转化过程遥相呼应。剪贴簿的阶段相当于笔记本的阶段。在那一阶段，内

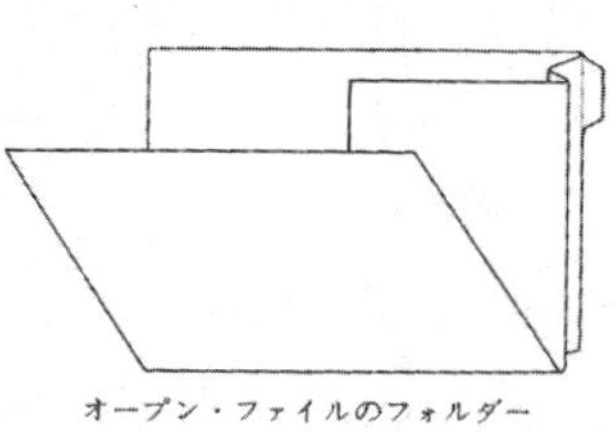

オープン・ファイルのフォルダー

容的排列固定得死死的，添加、变更都不可能。第二个阶段，分类架方式相当于活页笔记本的阶段。虽然添加已经获得自由，但是，分类项目的变更还是困难重重。第三个阶段，敞开式文件方式相当于卡片方式。发展到这一步，文件资料的添加、整理以及分类，才算真正开始自由自在，随心所欲了。

资料标准化

我不再像连载小说《良宽和尚》的剪报那样，卷起来存放；也不再像喜马拉雅山照片那样粘贴在剪贴簿里存放；而是统统粘贴在台纸上存放，这是什么意思呢？一言以蔽之，就是标准化，规范化。我自己动手，身体力行，从而领悟到了这一点。

凭借这种方式，无论长篇大论的新闻报道也好，短小精悍的简明新闻也罢，全都装进了同一规格的文件夹，实现了单元化。而且它的标准化、单元化还成为后来一切文件资料处理的基础条件。无论进行分类整理，还是保存，统统都要在这一基础上进行。

实际上，卡片的使用本身就是一种标准化、规范化。通过将内容写在卡片上这种形式，给一切思想、知识、信息，统统加上了型号上的统一规格，实现了单元化。反过来讲，将剪报粘贴在实现了标准化的台纸上，就等于剪报的卡片化。在这种情况下，只要将剪报变成卡片，就可以和其他卡片一起进行处理了，所以，这是一件再好不过的事。不过，新闻报道基本上都要比 B6 开本的卡片大。故而，为了方便起见，就采用了另外的规格。

大体来讲，在很多的情况下，智识生产这种作业，都是以记载了各式各样符号的纸张作为对象而进行的。彼时彼刻，如果总是闭口不开，无论大小还是厚薄，各种型号混淆不清，各种尺寸的纸张杂乱无章地堆放在一起，整理起来实在无从下手。如果是政府官员，倒可以装订成“一个卷宗”。实际上，他们之所以如此处理，乃是因为政府机关的公文本身已经进行了一定程度的格式化。那种格式称为公文程式。我们所处理的文件资料远没有达到那种水平。但是，不管多么奇形怪状的纸张，一旦粘贴在台纸上，就全都成为同一形状了。而后，无论将其列为敞开式文件资料存放，还是作为“一个卷宗”装订成册，都随心所欲，不在话下。

将剪报粘贴在台纸上，这一作业是一项标准化的工作，同样，将敞开式文件资料装进文件夹，也是一项标准化的工作。通过这一标准化措施，除了粘贴在台纸上的纸片以外，其他纸张、形形色色的小册子以及说明书之类，只要装进文件夹，就将全部变成同样的形状。通过这一标准化措施，我将身边泛滥成灾、杂乱无章的各种文件资料整理得井井有条。现在，这些文件资料统统保存在敞开式文件之中。敞开式文件架不仅是剪报资料的存放处，如今还成为除了书籍、卡片以外，存放所有文件资料的资料库。

前辈的教诲

资料标准化这一手段，仔细想来，实际上却是我们的前辈很早以前就教导过的。

我自己虽然原本是在自然科学这块土壤里成长起来的，不过，作为一名理科学生，当自己开始对科学研究的方法耳濡目染之时，一位学长对自己关照有加，手把手地给予了诸多教导。这位学长名叫可儿藤吉。他是日本昆虫生态学的创建者之一，对于田野调查满怀热情，他还是一位杰出的理论家。我从可儿藤吉身上学到了很多知识。其中之一就是抽印本整理法。

一个科学工作者往往有一种习惯：每当自己的研究成果转化为论文，并在学术杂志上刊登之时，就会将杂志上登载自己的论文另印很多份单行本。分别赠送给亲朋好友，或者专业学科相近的人们阅读。如果长期持续科学研究生活，就会从各个方面的人们那里，收到大量的抽印本，整理起来，颇费周折。特别麻烦的是，学术杂志的尺寸大都长宽各异，抽印本也是如此，难以装订，无法处理。

可儿藤吉教给我整理这类资料的很好方法，那就是装盒。使用瓦楞纸板，做成类似较大书套的纸盒，按照作者名称或者项目名称，将那些抽印本资料分门别类装入纸盒。将纸盒直立排放在书架上，看起来，就像大部头的书籍。也就是将大小参差不齐的抽印本用型号整齐划一的书套式纸盒加以规范化。可儿藤吉告诉我，这种纸盒叫作翻印文件盒。

我还是科学研究队伍里的一介书生，自然不会有人赠送那些抽印本。不过，环顾四周，只见教授室以及各个研究室里，差不多都摆放着这种翻印文件盒。这就是一种敞开式文件系统。这种整理书籍的方法，作为科学研究者之间的共同文化资源，很早就已生根开花。

可儿藤吉后来应征入伍，上了战场，而且一去不返，再也没有回到自己的故乡日本。第二次世界大战结束以后，可儿藤吉经确认已经阵亡。所以，他的遗物分别赠送给了生前友好，我得到了他的很多翻印文件盒。不知不觉间，在我的斗室里也积存了很多的抽印本。我将抽印本分类整理之后，存放在可儿藤吉遗留下来的翻印文件盒里。不过，现在，它们已经让位于敞开式文件系统，我也不再使用翻印文件盒了。

整理照片好难

在这一节里我要介绍一下我们人人都有、却格外难以整理的资料。就是那照片。我们大家，人人都有照相机，而且都拍摄了很多照片。但我们大都是拍完以后，信手将照片扔在一边，懒得进行整理，任其沉睡不醒。

我在学生时代经常外出旅游，而且每次都要拍摄一些照片。那些照片是怎么保存下来的呢？年轻的时候使用那种“回忆相册”式十分豪华的影集，将照片粘贴起来保存。如果站在资料整理的角度来看，就算是按照日期顺序排列的剪贴簿那个阶段吧。尽管在自己回首往事的时候，多少能够起到一点作用，但是，如果把它作为面向未来的一种资料，却很难加以利用。况且，豪华影集之类，如果两册同样的影集放在一起，手就没办法拿；即使将它们放到书架上，大小长宽各不相同，高高低低，凸凸凹凹，排列起来也很困难。

我在几年前果断地将自己家里的照片进行了一次彻底的大清理。首先，将照片分为两大类。第一类，资料照片，主要是我调查旅行的成果，原则上，将它们统统放大为 6 寸规格，粘贴在较为厚实的台纸上。台纸的大小，我采用 B5 开本。在台纸上注明必要事项，而后放入书柜保存。也就是说，在这种情况下，照片已经进行了卡片化处理。

第二类，家庭照片，则有所不同。这些照片清一色都是孩子们的成长记录以及家庭生活的写照。它们不是用作资料，而是仅供“回首往事”使用的。这些照片类似日记，就将它们按照拍摄时间的顺序，粘贴在相册里。在这种情况下，也还是不要使用豪华影集。必须使用简洁大方，甚至那种公务性的相册，一定要保证同样的相册，随时可以在商店里买到才行。因为当今社会，拍摄家庭写真的潮流势不可挡，“回首往事”类相册，足足要有几十本排列起来，让人不堪重负。不过，这一类照片属于妻子的专权，我概不发表意见。

无论上述哪一种情况，照片底板都要购买带有底片夹的相册，与照片一起存放。不过，底片的保存或许还有更完善的办法。

市售品与标准化

我之所以大力提倡标准化，乃是因为，它是一种我们清理身边杂乱纷繁的事物，保证智识生产顺利进行的有效方法。我首先将自己所要使用的纸张一类文具，坚决、彻底地加以标准化。仔细检查之后，发现自己进行智识生产所必需使用的纸张，也就只有很少几种。

首先是那些卡片。对于卡片，我在前文已经做过了介绍。其次是整理资料时所使用的台纸，以及整理照片时所使用的台纸。另外，还有信纸、信封。最后就是稿纸了。我所使用的纸张就是这些，总共不过六种。这些纸张全部经过我仔细斟酌，制定了自己的标准规格，委托制作。我有自己的规格，也就是B6开本以及A4开本，自然与通用标准规格完全吻合。另外，还有一些杂项用纸，虽然可以使用，但我并不特意准备。一旦需要，就使用信纸或者稿纸。只是我还有一种名为“小札”的纸张。大小为B8开本，纸质不限。这种小札，采用出版社赠送的稿纸或者自己身边随手可以得到的任何非标准纸张，裁成B8开本大小即可。在我的写字台上，始终放有几百张这种小札，也可以叫作杂项用纸吧。至于“小札”的含义以及使用方法，容我后文再做介绍。

或许大家以为，信纸、稿纸等等没有必要特意委托制作，就在市场购买好了。当然，大家这样做也没有什么不妥，但是，市场供应的信纸、稿纸存在着两个大的缺点。第一，价格昂贵。按理说，这种大批量生产的信纸、稿纸，应该比委托制作便宜得多，实际上毫无例外十分昂贵。市场上供应的信纸、稿纸，没有必要地使用高档纸张，画蛇添足地印刷一些多余的东西，还要加上包装、封面等等，总而言之，额外添枝加叶，单价自然高了上去。如果准备大量购买，倒是委托制作更好。虽然一次性开销比较大，但归根结底要便宜得多。

市场供应的信纸、稿纸存在另一个缺点：同样的类型时常缺货，不能保证供应。文具用品厂家完全凭着自己的方便，随意调整商品生产。隔个两年三年，同样的东西就会再也找不到。虽然最近的市场情况已经有所好转，能够比较持续地供应同一种类的商品了。但是，我仍然不敢掉以轻心，因为不知道什么时候就会停止同样商品的生产。为此我不知道吃了多少苦头。一个企业，或许能够严格执行一两年的短期生产计划；而我们的智识生产行业却必须考虑到十年甚至更长远的情况，才能开始行动。

厌烦标准化

一般而言，在开展智识生产领域办公革命的进程中，根据我的实践经验，最为艰巨困难的就是“采购”物品这一阶段。虽然并不仅仅是办公用品，不过，市场供应的商品往往并不考虑用户即使用者的需求，而更多地重视厂家即供应者自己的方便。即便是委托制作，如果委托的时候不经过深思熟虑，并且对供应者千叮咛万嘱托，就会得到一些千奇百怪的东西。因为是要长期使用的东西，所以必须慎之又慎，不可掉以轻心。

在委托制作的时候，容易出现的错误是，以为反正是自己委托制作的，所以肆意无视标准，制作出不符合规格的产品来。在当今社会上有一种厌恶标准商品的风气，那恐怕与个性至上主义脱不了干系，特别是在一些高级知识分子中间，这种观点似乎颇有市场。但问题在于，无论使用什么样的标准商品，只要凭借它所生产的智识产品，具有个性与创造性，也就行了。如果只是在材料、工具、情调等等方面发挥一下个性，就会因此心安理得，而对于真正智识生产水平的个性发挥，则有化为泡影的危险。个性方面的能量会在情绪化的层面消耗殆尽。

最起码，自己所使用纸张的大小等等，要符合通用标准。这样，与箱包柜架、文件夹等等市售商品就全部配套了。另外，采用标准尺寸还不会浪费纸张，造价明显降低。避开市售商品，委托制作，并不是为了满足个人爱好，而应该是出于合理主义的想法。因为市售商品难以恪守标准，而且很不经济。

5. 整理与事务

本居宣长的故事

我记得自己上小学的时候，国语课本里有一则故事，说的是一位名叫本居宣长的人，根本用不着借助光亮，就能从自己家里的书架上取出他所需要的书。而且还听说，他能够说出第几个书架，右数第几本，是什么书，走过去核对，果然一点不错。

从前的人们有一个思维定式，认为记忆力强的人，聪明，脑子好用。成语“博闻强记”似乎就是对知识分子的一种最高的褒奖。因此，那个故事就是为了佐证这位本居宣长具有超人记忆力。其实故事里面所讲的并不是记忆力的问题，而主要是说明本居宣长的书籍“整理得法”。只要整理得法，这点雕虫小技人人都能办到。

我从儿时起就十分爱惜东西，所以保存了各式各样的小玩艺儿。就连一些毫无可取之处的破烂文具盒、已经使用殆尽的橡皮头等等零碎的小东西，都视若至宝，珍藏起来。长大以后，就不仅仅是物品了，就连同学、朋友寄来的信件、有关学校的简介、纸页等等，我都一一珍藏，舍不得丢掉。不过，由于根本不懂得整理，所以，我也只是杂乱无章地一股脑儿将它们堆放在箱子中。时至今日，我也一筹莫展，不知道该如何处理这座最起码从高中时代就开始堆积的“遗产”大山。

学生时代我只管收集、积攒。直到自己的工作渐渐开始以后，我才知道这样下去根本不行。以前收到的来信，在自己需要的时候却找不到了；学会的刊物，想要看的时候，则不翼而飞，真是让人伤透了脑筋。应该采取什么样的方法进行整理呢？没有什么人教给自己。为了整理自己的文件资料，我使出了浑身解数，进行了多次尝试。虽然经历了一次又一次的失败，但也一点点地变得聪明起来。而后我似乎觉得，自己对于文件资料整理的基本原则，开始有所领悟了。

整理与整顿

所谓整理是怎么一回事呢？或者说，整理的原则究竟是什么呢？连这些事情都要弄个明明白白，那可真是打破砂锅问到底，愚不可及了。如果有人肯告诉自己，我也就不会走那么多的弯路，吃那么多的苦头了。但是，我却是时运不济，既没有肯告诉自己的人，也没有可以学习的书籍。如今，已经有了加藤秀俊所著、题为《整理学》（中公新书出版发行）那样的书籍，深入浅出地告诉我们现代社会的整理问题。在这一节中，我们将以一种与智识生产活动密切相关的形式，举例说明这个问题。一般所讲的整理究竟是怎么一回事呢？达到什么样的状态才算是整理到位呢？

所谓整理并不是将一些乱七八糟的东西收拾整齐，看起来不再碍眼就行。那样做，准确点讲应该叫作整顿。我认为，所谓事物整理得体，不是看起来如何如何，而应该是我们需要的东西能够在我们需要的时候唾手可得。

在我们这个世界上，有的人乍看起来杂乱无章，实际上，却是井井有条的。反之，也有的人将书籍资料排列得整整齐齐，但在需要的时候，却什么也找不出来。这也就是说，分为整理良好而整顿糟糕的人，与整顿良好而整理糟糕的人这两类。整理是功能性秩序的问题；整顿是形式性秩序的问题。真正实践起来，整理要比整顿艰巨得多。譬如，将书房里整顿干净，连女佣人也能够胜任；但是，整理工作却只有主人才行。

所在位置体系化

我以为，为了实现这种意义上的整理，似乎应该确定几个原则。第一，关键是要确定各种物品的“所在位置”。如果所在位置时常发生变化，那就毫无办法了。换句话说，整理的第一原则就是确定“理想位置”。

第二，其“所在位置”的确定方法必须实现体系化。如果辛辛苦苦确定了所在位置，但其确定方法却没有规则可以遵循，也就无论如何都记不住，所以，最终结果就是在你需要的时候，却找不到自己需要的东西。至于“所在位置”，我们应该采用什么样的体系呢？这要因物而异，酌情确定。所谓整理方法的研究，其实也就是体系的研究。如何进行卡片的分类与排列，书籍如何在架子上排列等等，都是体系的问题。

至于书籍的排列，我自己的藏书参照国际图书分类法（Universal Decimal Classification，简称 UDC）进行排列。也有的人将书籍按照版型，譬如，新版本或者 B6 开本等等，同一版型集中起来排列。这样，即便看起来整齐划一、整顿有序，却不能算作整理井然。我寻思，本居宣长的书籍排列，肯定不是这样的。

“所在位置”确定之后，就该确定“摆放方法”了。摆放千万不能堆积。固然所有物品都是这样，但是，书籍以及文件资料尤其应该注意不能平放叠压，必须直立竖放。问题虽然十分简单，但只要坚持这一原则，整理就会惊人出色。如果你辛辛苦苦地构思了分类体系，却是水平堆放，那么，就连排列起来都不可能。

所在位置一旦确定下来，就必须保持该所在位置不要变更。也就是说，如果我们取出来一本书，那么，在阅读完之后一定要物归原处。这是整理的又一个原则。虽然这是再明白不过的道理，但是，这一原则能不能严格执行，乃是整理工作能不能圆满的决定因素。为了使取出图书变得轻而易举，我们应该动动脑筋，设计一个“取书卡”，放在取出图书的位置上。

整理方法的摸索史

回顾我自己探索文件资料整理方法的历史，我认为自己完全是在不断重复地干着蠢事。不言而喻，自己背离了上述整理工作的各项原则。

刚刚开始的时候，我将积存的文件资料或者用绳子捆起来，或者用线装订起来。但这样一种做法，根本算不上进行整理。这种做法仅仅是保存了文件资料。存在的实际问题则是，在需要查找过去的一些数据时，根本无法调取出来。过去将永远躺在黑暗的橱柜里面，长眠下去。按照实际需要，将历史呼唤到自己眼前，实现真实的再现，才算是整理工作。

我后来采用的方法应该称为“袋装法”。就是将一个项目的所有文件资料，作为一个卷宗，装进一个纸袋子。至于纸袋子，就利用邮寄书刊的废旧纸袋子，纸袋子外面，大字写明纸袋子的内容。

这种方法虽然比听之任之要强了许多，但是，文件资料的取出以及放进都很麻烦，而且，由于使用的是旧纸袋子，也实在是很不雅观。这种方法同样也只是进行文件资料保存，而作为日常的文件资料管理，则并不是一个好方法。

于是乎，接下来，我就采用了夹装的方式。使用文件夹，乍看起来就像账簿一样，打开封皮，里面装有螺钉，将文件资料订在里面。这种文件夹市场有现货供应。我使用了一段时间，后来册数多起来，很占地方。而且采用螺钉装订，文件资料的容量很小，处理起来很不方便。

再后来，我采用的是一种格架方式。这种方式在前文中探讨报纸剪贴整理的时候，曾经做过介绍。当时，我将报纸剪贴以及其他资料的整理与书信等等文件的整理放在同一系统中进行。如前所述，这种方式除了项目以及排列顺序的变更十分困难之外，还有一个缺点，就是将那些事务性文件的管理与资料的保存混在了一起。然而，这二者还是以分开为好。事务性文件的管理是每日如斯进行的，不能和资料放在一起睡大觉。

经过多方尝试，结果都不理想。就在我辗转反侧之时，我终于发现了直立式文件归档法。

帕金斯先生其人其事

从前，日本的每一所旧制高等中学里面，都必定会有几名外籍教师，主要是担任外语会话的教学工作。在我的授课教师之中，有一位名叫帕金斯的外籍教师。他是美国人，本来并不是学者或者教育学家，而是一位经销清凉饮料的商人。也不知道是怎么阴差阳错，竟然成了一名教师。

在第二次世界大战结束以后不久，我与帕金斯老师久别重逢。其时，帕金斯已经不再任教，而是重操旧业，再下商海，在京都经营图书进口的业务。帕金斯风流倜傥，一表人才。据说他正在学习打鼓，为此而风风火火地奔波在住家与先斗町之间。帕金斯居住在鹿谷一座典型日本风格的和式宅院里，当我前往那里拜访的时候，他身穿着质朴的和服出来迎接。

交谈中，帕金斯站起身来，去取资料。只见他的客厅的一角放着一个细长条形的箱子，里面放满了纸质档案夹。他刷地一下抽出其中一个文件夹，拿了过来。有关他现在业务的一应往来文件以及其他所需资料，全都夹在里面。我对于帕金斯的整理之巧妙，由衷钦佩。

这是我第一次实际接触到直立式文件归档系统本身。现在细想起来，它是一种十分简单的方法。由于当时还没有现在这样的铁皮档案柜，所以，文件资料就都装在敞口的箱子里面。不过，文件资料并不采用水平叠放，而是装进档案盒里直立竖放。这就是人们所谓的直立式文件归档办法，这一原则已经得到广泛应用。我当即下定决心，自己马上回家尝试。后来，它就成为我所有文件资料整理系统的起跑线。这种方法乃是我坐在幽静典雅的日本和式客厅里，从一位身穿日本和服的外国人那里学到的，所以，给自己留下的印象尤其深刻。这种归档系统即使不在现代化的办公室等等场所，只要我们下定决心付诸实践，那就无论在什么地方，无论什么人物，都能够收到应有的成效。虽然事情十分平常，但它却是我的一次重大发现。

直立式文件归档法

生物学上有一个很著名的生物律，就是：个体发生是系统发生的简单而短暂的重复。它会不会也适用于文件资料整理这种情况？回顾我自己的文件资料整理历史，可以看出，它似乎就是世界文件归档历史的一次再现。

据说，最早期的文件归档也和我一样，采用绳子捆扎或者用线装订。“文件”一词就来自于拉丁文的filum，其含义就是丝、线、绳子。后来，也是装进箱子、放上书架，几经周折，最终才发展到了直立式文件归档系统。

直立式文件归档系统的要点在于，将文件资料夹持在一个个对折起来的文件夹中，而后就像卡片一样直立排列起来。由于那种文件夹上带有突耳，上面可以书写标题，所以，什么样的文件资料放在什么地方，一目了然。这么简单的办法自己怎么竟然没有发觉呢，我感到不可思议。不过，在世界文件归档的历史长河里，直立式文件归档系统的出现竟然为时不久，大大出乎人们的意料。那是在1893年的芝加哥万国博览会上，直立式文件归档系统才第一次让人们开了眼界。

由于文件盒本身只是普通纸质的，所以不占用多么大的空间。而且，其内部容量很大。还有一点，保存文件资料的大小以及形状，完全不必计较。于是乎，所有奇形怪状的文件资料，统统被同一型号的文件夹标准化、单元化了。于是乎，前文对于卡片所讲述的那些基本原则，在文件资料的管理之中同样都得以实现。

这种直立式文件归档系统，既然早在 19 世纪末期就已经公之于世，那么，如果有人早一点告诉我，该有多好！然而，却没有任何一个人告诉自己。在日本，文件归档工作一直就发展得十分缓慢。这种直立式文件归档系统开始在日本国内普及，还是第二次世界大战结束以后的事情。我从外籍教师帕金斯那里学到这种智慧，在日本也还应该属于较早者之列吧。

项目分类

在采用直立式文件归档系统的时候，最大的问题还是如何确定分类项目。具体来讲，就是在档案夹的突耳上应该书写什么才好。立刻浮现脑际的就是按照事项进行分类。譬如，可以确定："学会方面""研究会方面""调查经费方面""图书采购方面""杂志论文方面"等等项目。不过，真正实施起来以后马上就会明白，这种做法没有用处。如果我们不将事项彻底加以细化，事实上，它就起不到应有的作用。不断细化下去，最终结果会出现一些固有词语，那样就行。

到了最后就会出现譬如民族学会理事会啦，普利马泰斯研究会啦，还有一个个有过交往的人名的文件。而后，在那些事项内，将自己与该团体或者该个人的所有文件资料全部归档。也就是说，像银行、商社等等建立客户名一样，在我那里，也对有交往的对方一一建立户名。列为一次性交往的对象，集中起来保存。将那些还有第二次、第三次交往的对象，从其中挑选出来，单独建立档案户名。

文件夹与敞开式文件同样，都是采用A4开本的规格。采用这种规格，一般的信件展开以后也能放进去。而且，这种文件夹能够直立着翻进铁皮文件柜。文件夹的排列按照用户姓名的日文五十音图顺序。

凭借直立式文件归档系统的采用，我自己的文件资料整理总算步入了正常的轨道。虽然，后来文件柜的数量有所增加，但是，系统本身却基本上没有什么变化。

柜存文件

这种直立式文件归档系统，全部应用于铁皮文件柜，所以，我将其称为柜存文件，以便与前文所介绍的敞开式文件区别开来。下面，我打算简单介绍一下：这两种文件如何进行区别，它们之间又是怎么样发生关联的。

我自己的情况是，这两个系统泾渭分明，井水不犯河水。柜存文件都是事务性文件资料。主要存放的是我与个人或者团体有关各种工作往来的文件资料。

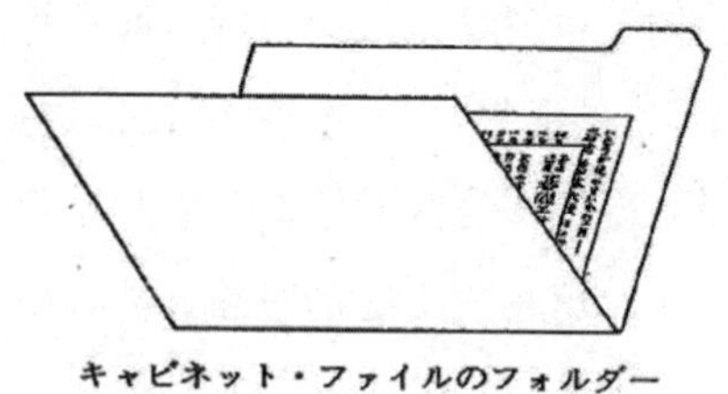

キャビネット・ファイルのフォルダー

与之相反，敞开式文件则主要是参考资料类文件资料。其中存放着报纸剪贴以及小册子等等资料。柜存文件是每天办理事务所需文件资料的“保管”装置。敞开式文件其实应该是一种资料的“保存”装置。

我认为，这两个系统还是分开来为好。不过，如果参考资料与事务性文件都不太多，那么，合用一个系统也未尝不可。至于以哪一种为主，我认为，应该是以柜存文件为主。柜存文件的文件夹里也可以存放报纸剪贴以及小册子。

在事务性文件保管与参考资料保存分开进行的时候，二者都出现大量同样名称的文件资料，这是理所当然的。譬如，一看到“某某大学”名称的柜存文件，存放的却是与前往该大学演讲有关商洽的往来文件等等。打开同一名称的敞开式文件资料一看，里面装的则是该大学的“学校简介”以及“招生简章”等等小册子。个人名称的文件资料，柜存文件之中存放的是信件，敞开式文件之中存放的是此人所发表的论文抽印本。同一名称的户头有多个也无关紧要。它就像银行的活期储蓄户头与定期储蓄户头一样。

我们再谈一谈柜存文件的使用方法。它是事务性文件的保管装置，但是，其本身却并不是处理事务的装置。文件存放到了柜存文件系统之中，并不是将事务处理完毕了。我在刚开始的时候连这么简单的情况也不明白。于是乎，收到的信件都被我加进文件夹里了。信件在文件夹里睡大觉，要办的事情则毫无进展。

接到信件之后，必须首先处理需要处理的事情。在事情处理完毕之前，信件必须先放在写字台上的“待处理”盒子里。应该写信回复的，就写信回复。事情处理完毕之后，再将来信与回信的复印件一起，放入柜存文件。而后，如果该项事情还在继续进行，文件就会提醒我们。以往与其相关的全部事情经过统统包罗在文件之中。

家务革命

作为一种文件资料整理方法，直立式文件归档系统十分方便，这一点，人人都看得清清楚楚。所以，家庭的亲人眷属们也都开始模仿起来。在我家的厨房也建立起了家用柜存文件系统。干洗店、烟酒店、鱼店、肉店、菜店、自来水公司、煤气公司、电力公司、木工作坊、人寿保险公司、税务局、银行、电信局、加油站等等，一个个“户名”存放在文件夹之中。各个户头与自己家庭的交往历史全部存放在这些文件夹之中。什么电器保修单、子女的学费收据等等容易遗失的文件，从此不再满屋子翻找了。

孩子们也都开始有了自己的文件夹，似乎各种学科、俱乐部、同学录等等，都分门别类装进了文件盒。

关于家用档案柜存文件系统，一开始还属于凤毛麟角的新鲜事物，出版社还跑来采访拍照，并且在杂志上做了报道。后来，这种方式迅速得到普及。不久，一种家庭专用的小型文件柜便应运而生，开始上市供应。我猜想，它现在已经广泛普及了。

当然，学生专用的文件柜也可以投放市场。不过，倒也没有必要搞得多么特殊。只要有了箱子与文件夹，也就足够了。就是文件夹，也只需将纸板对折起来就能使用了。归档系统人人可以采用，处处可以采用。当务之急就是行动起来，养成习惯，坚持下去。

空间分配

在上一节，我们介绍了事务性文件管理装置与参考资料保存装置区别开来的问题。其实，这件事情与旨在开展智识生产而进行的空间分配问题紧密相连。也就是说，“办公室”要与“资料室”区别开来。资料室，也可以包含书库。因为书库与敞开式文件的属性是相同的。在有的情况下，如果书架有足够的进深，那么，敞开式文件直接与书籍排列在一起，也是可以的。

实际上，我自己的情况，作为智识生产专用的空间，还分出来了另外一个重要的所在。它就是“工作室”，是我进行写作以及阅读的地方。它既不是办公室，也不是资料室。那才真正是我自己的圣地、密室。我在智识生产活动之中最富有创造性的部分，就在那里完成。一旦我选定了一个课题，就会将必要的资料从资料室搬到那里，摆放在写字台的周围。在那里，我集中精力开展工作，工作完毕之后，才进“办公室”。发送稿件以及处理其他事务，在“办公室”里进行。而后，资料类重新放回资料室的所在位置。

还有一个不容忽略的空间，就是材料存放处。按照前文所述方针，我大量采购卡片以及稿纸，所以这些东西反倒格外占用空间。

如此分配旨在进行智识生产所需空间功能，也就是要确认，在开展智识生产作业的过程中，存在着一些各不相同的系列。一旦疏忽大意，大部分的时间以及精力就会被事务性工作所挤占，自己还会觉得忙忙碌碌。如果只是忙于处理事务，创造性的智识生产将无所作为。

按照以上的方法区分，开展智识生产所必需的空间总共要有四大类：就是工作室、“办公室”、资料室、材料放置处。这样一讲，或许有人会认为，进行智识生产需要很宽敞的空间。其实并非如此。问题的关键并不在于面积的大小，而是在于空间的功能分解。哪怕只在一个小小的书房，也可以满足这样的空间分配要求。只要设想一下办公桌、书架、敞开式文件架以及材料放置处就行了。写字台，尽量将工作与事务离开一点，我的意见，最好使用两张桌子。

写字台的两边放置文件柜或者卡片箱，上面放上顶板，还可以兼作容器，所以，最最节省面积。

办公现代化与机械化

我学习文件资料归档系统，不是受教于高中教师帕金斯，而是受教于图书商人帕金斯。这一点颇有象征意义。

令人遗憾的是，我们包括研究工作在内的全部智识生产活动一般的技术，似乎都还处于一种远未开发的局面。有人甚至认为，这种事情属于个人灵魂深处、个性色彩很浓的创造性活动，要想实现技术化等等难以进行。就在这样的情况之下，我们悠忽之间却已被人们视为最世俗的商业界，以一种简单易行的技术进步而远远地甩在了后面。我认为，处在当今时代，智识生产在技术、技巧方面，有很多地方必须向商业界好好学习。举一个例子，商业界开发并成功应用一种计划与管理手法，即计划评审技术（Program Evaluation and Review Technique，简称 PERT）。我以为这样一些情况，在个人研究阶段，为了保证研究工作顺利进行，卓有成效地达到研究目的，应该加以认真思考。

然而，这一点甚至在商业界，似乎也存在屡见不鲜的误解，必须注意，引入了机械设备与先进工具，并不等于实现了办公现代化。除了文件柜之外，还有复印机、打字机、录音机等等，在个人进行智识生产方面可以如虎添翼的机械设备很多很多。这些设备固然十分重要，但是，如果只是购买回来却并不使用，那就丝毫不起作用。问题在于设备的使用方法。如果没有在总体上牢固建立智识生产技术体系，那么，购买的设备就只能躺在角落睡大觉。羞于启齿的是，我自己也是急急忙忙买来好多机器，却不能够很好地使用，任其躺在角落睡大觉。

秩序与安宁

有的人认为，考虑这种整理文件资料与处理日常事务的方法是一种效率问题。一般来说，本书所探讨的整个智识生产技术话题，都容易让人联想到效率问题。但是，说一句老实话，尽管这些话题与效率不无关系，不过却是另外一码事。在最短的时间内发挥最大的效果，那才是效率问题。一提到技术论，不分青红皂白，话题就容易往那个方向展开。我也了解这种情况，但是，也有必要换个角度思考一下。

应该说，这一点是一个精神卫生的问题。也就是说，人们为了始终保持人的状态，需要一些什么呢？简单地说，就是如何从人们身上减少一点浮躁。因为建立、健全整理与办公系统并不是需要“时间”，而是需要生活的“秩序与安宁”。

当水向前方流去的时候，水渠里会出现很多各种各样的障碍物。水流在哪里碰到它们，哪里就会形成漩涡。整个水流滚滚奔涌向前，产生泡沫，掀起波澜，卷成漩涡，向前流淌。这种状态就是紊流。然而，在没有障碍物的时候，即使大量的水高速流动，它也声息全无。看上去，就连水是不是在流动都分不清楚。这种状态就是层流。

智识生产技术的一个要点就是尽可能清除障碍物，造就平坦畅通的水渠，以此消除人们伴随日常智识活动而产生的情绪紊流。也可以说，它是一种确保人们的精神处于层流状态的技术。人们凭借艰苦努力所得到的是精神的安宁。

6. 读书

阅读技术

在本书的前半部分，我主要讲述了记事簿、笔记本、卡片、文件夹等等，换句话说，也就是智识生产中的硬件装置问题。下面开始进入本书的后半部分，主要讲述“读和写”，换句话说，就是智识生产中的软件，也就是方式方法的问题。首先，我们来谈谈读书的问题，不言而喻，我们指的是列为智识生产技术的读书。

关于读书，由于从前的名人学士已经给我们留下了各种经验教训，所以，人们似乎觉得，有关读书方法之类的书籍应该比比皆是。然而，当我们仔细寻找的时候，才发现这类书籍竟然少之又少。其实，应该阅读什么书籍，这种分门别类的专业读书指南之中没有介绍；阅读技巧一类的指导书籍，却又无从查找。

我很快找到了一本书，乃是最正统派的，小泉信三所著《读书论》（岩波新书）。虽然叙述的方式有点古板，但毕竟值得一读的内容很多。另外，还有大内兵卫、茅诚司等人合著《我的读书法》（岩波新书）也很有帮助。二十位行业各异的作者，分别撰文介绍“我的”读书方法，颇具个性，可读性强。虽然未必是技术性书籍，但是，对于技术方面却也不乏论述，在这种意义上还是大有裨益的。

读书与吃饭

十分有趣的是，在《我的读书法》中一再出现读书与吃饭的比喻。好多位作者都认为，读书与吃饭之间存在着一种共性。譬如，中村光夫说，在现代社会，人们置身于书籍泛滥的恶劣环境之中，读书方法作为一种保持精神健康的方法，就像有关食物的营养学一样重要。另外，田中美知太郎谈到，考虑到材料搭配的问题，就像一种烹调方法为人们提供营养均衡的健康饮食一样，对于读书也应该如是考虑。诚然，“书籍乃是精神的食粮”的观点，古而有之。出现这种比喻也在情理之中。

这里所举的例子，无论营养学还是烹调方法，无不从与健康的关系方面谈到了饮食。也就是说，这是一种将读书与精神健康紧密挂钩的观点。不过，读书与饮食的比喻在另外的方面也可以成立。正如饮食具有营养乃至健康的一面以及味觉享受的另一面一样，读书不也有精神食粮的一面以及心灵享受的另一面吗？正如营养学与味觉享受泾渭分明一样，在读书理论之中，技术论与欣赏论也是水火不容的。说句老实话，人们在通常谈论读书问题的时候，未必就弄清了这二者的区别。所以，搞不好，原本是打算阅读营养烹调教科书的，却误入了美食家侃大山的席面。

我在本节里之所以将话题限定于用于智识生产的读书方法，也就是出于这种考虑。我们在这一节里不谈论哪一家餐馆的哪一道菜味美可口等等。相反，使用什么样的材料、怎样烹调、怎样食用才能变成血液，成为未来工作的能量与动力，这一类技术理论才是我们所要探讨的问题。

读书的学问

日本是世界上为数不多的出版大国，读书人口的数量简直多得惊人。不言而喻，这么多的人都采用各不相同的方法读书。尽管日本乃是如此规模的读书大国，但是，在有效的、合理的科学读书技术的开发方面，却没有值得一提的骄人成果。在前文所述《我的读书法》之中，作者渡边照宏指出，在日本的大学里，教授书籍阅读方法的机会是不是太少了呢？其实，日本根本就没有像美国的大学那样，交给学生几本大部头的书籍，要求在下一周之前读完这样的事情。似乎日本的教育还是以课本教材为中心，以课堂讲解为中心，书籍阅读这种训练方式则严重缺乏。我回顾起来，自己在学生时代，同样是一次也没有受到过书籍阅读方法的指导。现在的学生似乎情况依然，没有什么变化。

那么，大家都是怎么过来的呢？摸着石头过河，一次次重复失败，艰难地摸索出自己一套读书方法。其结果使得一些从事智识生产这种体面职业的人，竟然在读书方法上一塌糊涂。我自己也不无遗憾地想过，年轻的时候如果受到一些读书方法的训练，现在的学识该有多么丰富呀。

有的人认为，读书方法云云，本来就是非常个别性的，只能各自创造适合自己的流派。诚然，最终结果就是如此，不过，如果一开始就这样放任自流，技术公开、共同开发的道路就会被死死堵塞，最终沦为神秘主义。教育与训练也就不复存在。我在倾听了很多优秀知识分子的意见之后，却发现实际存在的问题竟然是通用技术以及读书方法。我们选取这样一些事例，结合我自己的经验，探讨一下读书的技术问题。

读过与看过

首先，阅读一本书是要从头至尾阅读的。在前文所述《我的读书方法》中，也有几位作者谈过这个问题。在渡边照宏的文章中可以看到“由扉页直到封里全部阅读”的字句。我不禁油然感到，即使做不到这样，反正一旦开始阅读，就要读到最后，也是一种良好的读书方法。

这是为什么呢？因为那是正确领会作者创作意图的最基本条件之一。无论什么样的书，作者都一定会有一个总体的构思，这一总体构思贯穿于全书的每一个章节。各个章节都在全书的总体脉络之中，占据各自应有的位置，以此构成各自应有的内涵。作者的构思，文章的脉络，只有阅读完全书，才能真正理解。

一个作者本身在写书的时候，理所当然要力求通俗易懂。这也就是说，要设身处地，站在读者的角度来写。同时，一个读者本身在读书的时候，也要努力领会作者想要表达什么意思。也就是说，要设身处地，站在作者的角度来读。我认为，其第一步就是“从始至终阅读”这种读书方法。

娱乐性读书另当别论，一般而言，正确领会作者创作思想乃读书的最大目的之一。如果对于书中内容的理解毫不在乎，那么，也就没有必要浪费时间去读什么书了。为了正确理解书中内容，就有必要阅读全书。只读一半，或者隔三岔五地跳读，是十分糟糕的读书方法。虽然花了不少时间，但是目的却几乎一点也没有达到。也有的人说，“一目十行跳读”就能够充分理解，不过，还是不要太轻信它吧。最起码，它是一种极其危险而且效率低下的读书方法。

实际存在的问题是，有的人虽然总算开始阅读了，但耐不住性子读完，或者是发现书的内容粗俗，或者感到书的内容太过高深莫测，自己力不从心。这种时候半途而废，倒也无可奈何。考虑到这种情况，我采用的读书技术是下面这种方法。我仅仅对从头至尾全部通读的书籍，才允许自己使用“读过”一词。仅仅阅读了一部分者，不能称为“读过”。遇到这种情况，我则将那本书称为“看过”。而且，对于仅仅“看过”的书不做轻率的评价。

不过，世界之大，无奇不有。一本书仅仅被人“看过”就横遭指责的事情，也屡见不鲜。大凡写过书的人恐怕都会有这样的经验，报刊上登载的书评、引用以及介绍等等，有一些让人无论如何也难以相信会是在全部通读后做出的。有的情况，竟然遭到与原著截然相反的“介绍”以及“引用”。那些从事堂堂智识生产职业的人，有的人竟然连读书这种最基础的训练都不及格。

确认记录与读书卡

自己为自己确认，一本书的的确确已经“读过”，这一确认作业对于积累读书经验是很有益处的。其确认事项有下列两个：第一是，这一本书自己确实读过。第二是，自己读过的书就是这一本。这两点，看起来似乎是同一回事；但是，在确认作业中却是两个步骤。我是按照下述方式进行的。

第一种作业，为了确认这本书自己的的确确“读过”，我就在该书的某个地方注明这一情况。有的人非常讨厌在书中写字，我则没有这样的爱书癖好。我本来就有一个习惯，在自己的书籍上加盖藏书印。我请以篆刻闻名遐迩的京都大学人文科学研究所教授藤枝晃刻制了一方藏书印，由于常年使用，印已经磨损，不能继续使用了。于是，我就改用一种手书印记。无论是自己购买的书籍还是别人赠送的书籍，只要一本书拿到手，我就会在该书的封底签署自己的姓名。然后，注明某年某月某日购买或者某年某月某日某某赠送。并且，在日后阅读完毕的时候，还要注明某年某月某日阅读完毕。读完最后一页，并且注明这些表示已经阅读完毕的说明文字时，一种快感就会油然而生。其中，有的书只是“看过”，所以一直也未能得到阅读完毕的确认记录。

第二种作业，为了确认自己的的确确“读过”这一本书，我自己制作读书卡。虽然实质上这也是古人就已采用的方法，但在使用卡片这一点上，或许还有一些新意吧。

至于卡片，我们在前文已经做过介绍，还是众所周知的大尺寸型卡片，也就是人们称之为京大型卡片的那一种。在卡片上依例填写作者姓名、书籍名称、出版发行年月、出版社名称、页数等等。最后一行，注明某年某月某日阅读完毕。不过，只写这些就行了，至于读后感以及其他有关书籍内容的情况，在这种卡片中一概不写。如有书写必要，就另找卡片书写。对于这一情况，我将另行介绍。

读书记录

读书卡的功能多种多样。即便是借阅的书籍，由于保存了完整的卡片，所以，在需要的时候就能迅速检索出作者姓名以及出版发行年代等等。还有一种情况，反正自己的全部读书卡片集中起来统统呈现在眼前，对于防止对自己的智识生产活动能力做出过于理想化的评价，十分有用。每到年底岁尾，翻阅一年中积存的读书卡，回顾自己的学习历程，我暗自为自己的知识贫乏感到沮丧。

我绝对不是一个喜欢读书的人。总的说来，我就是这样的一个人：经常幻想着，如果不必读书就能万事大吉，该有多好！尽管如此，身不由己，我也还是读一些书的。虽然读起书来也还是十分认真，但是一年到头，也积攒不到100张读书卡。平均起来，每周还不到两本书。最多的月份10本，最少的月份只有3本。虽然似乎也有一些快读、多读的人，不过，每年读书100本对于常人而言会不会是一个大关呢。

不过，杂志一类并不包含在内。我对于杂志，既不签字，也不做读书卡。但对于杂志论文，往往需要进行确认的情况也有很多，所以我正在考虑，是不是制定一个规范，参照书籍阅读的办法处理。

读书一鼓作气

读书是一鼓作气读完为好呢，还是一点一点地细嚼慢咽为好呢？这一点也必须作为一种读书技术加以考虑。在我的朋友圈中，有一位作家名叫小松左京，他是一个精力十分惊人的读书大家。据说，他一旦读起一本书来，就无法停顿下来。无论走路还是吃饭，他都手不释卷，继续阅读不停，一鼓作气读到结尾。这么一说，我倒是想起了，还有人细嚼慢咽，一天仅仅阅读几页的事例。

这种情况一方面取决于书籍的内容，一方面取决于读者的时间条件。不过，仅就一般情况而论，在领会作者创作意图这一点上，还是一鼓作气读完可靠性更高一些。一点一点细嚼慢咽地阅读，往往根本理解不了书的内容。

写书，站在读者的立场上讲，乃是一项创造世界的工作。而读书则是一种读者要身临其境，投身作者所创造的世界之中的行为。如果做不到这样，就无法理解那一本书。细嚼慢咽地阅读，作者所创造的世界就不会呈现鲜明的形象。所以，读书还是一鼓作气为好。

不过，很多情况往往是不能一鼓作气阅读完毕，而且，集中精力阅读一本书，也会感到很累。正如前文所介绍的田中美知太郎那种配料理论所言，几本书并行不悖地一起阅读，也是一种方法。我自己也在尝试同时阅读两个系列的书籍。一个系列是自己的专业或者与之有直接关联的书籍；另一个系列是与之关联轻微的书籍。第一系列的书籍大多数是“硬邦邦”的专业书籍；第二系列的书籍则有一点软绵绵的味道的。想要阅读的书一开始就藏身于某一系列之中，等待时机，跃然出现。

字行划线

一种自古流传至今的读书技术就是记笔记。要求人们随着阅读的进程，摘抄经典语句，书写警句与感想。不过，我却不赞成这种做法。我如此考虑，与我不赏识一点点细嚼慢咽地阅读出于同样的理由。如果那些要求一一做到，那么，阅读就会原地踏步，迟滞不前。况且，如果谨小慎微，一味拘泥细枝末节，就难以纵观全书。有的时候，难免会把人搞得筋疲力尽，书读不到结尾就已经弃之不顾了。假如我们的着眼点是要将一本书从头到尾读完，这种容易造成挫折的读书方法实在让人不敢恭维。总而言之，将全书从头至尾通读一遍，才是上策。

不过，在我们阅读一本书的过程之中，认为某一段落重要，摘抄经典语句，等等情况，为数不少。虽然这也是一种自古流传至今的传统，彼时彼刻，可以在那些语句的旁边划线备忘。我只是暂时这样做出标记，摘抄与笔记都要等到将全书通读一遍之后再做。

在字行旁边划线，似乎不少人使用红铅笔以及蓝铅笔。据《我的读书法》记载，松田道雄喜欢使用医生做手术时使用的红色油性铅笔。据说，因为它很适合于松田道雄仰卧床榻，在书上划出红色标记的癖好。我自己则使用 2B 铅笔，划出粗粗的黑线。因为无论坐在电车上还是别的地方，柔软的铅笔都能运用自如；这种粗粗的线条事后便于查找。

不过，养成这种习惯以后，也有一些让人烦心的事情。一旦没有了2B铅笔，自己就会坐立不安，书也读不下去。我时常会坐在火车上，突然发觉没有携带铅笔，就会大惊失色。自来水笔我倒是时常随身携带，不过，由于差不多的墨水都会洇透到书纸的背面，所以，不适合于划线。

除了划线以外，还可以在字行之外简单扼要地写一些提示、标题、感想等等。写的时候，最好使用铅笔。虽然说起读书还需要工具，似乎有点稀奇古怪，但是，或许铅笔就是读书伴侣，不可须臾或缺。

读书笔记

让我们假设，一本书已经阅读完毕。不过，如果仅仅是凭着一时兴起而读书的话，那么，到了这一步也就达到目的，所以，大功告成，再也不需要做什么了。或者将书束之高阁，或者卖给旧书店完事。但是，如果是列为“智识生产技术”的读书，也就是说，如果想要通过读书起到一定作用的话，那就还要再做进一步的努力。如果一本书，仅仅读过就扔在一边，那么，效果也就十分有限。

那么，书读完以后应该怎么办呢？接下来，就该做读书笔记了。笔记的内容，随便写什么都行。写全书的大意也行，写感想以及评价也行。大久保忠利建议，在读过的书末空白处做出索引，供自己参考使用。这也是一种方法。

我自己写些什么倒没有一定的限制，各种各样的事情全都写。要写的内容姑且等到后面再谈。现在，我们先来讲讲书写的方法问题。我采用的做法是，将已经读完的书从头至尾再重新翻阅一遍。于是，前面使用铅笔做过标记的地方，就一一过目了。在此重新思考，自己在最初阅读的时候，为什么要在那里做出标记？其中有的纯粹是认为它对理解该书内容有所帮助才划上线的；也有的是对于作者描写的巧妙赞叹有加而做出标记的。对于工作情况重新审视反思之后，仅仅将自己认为确实值得写进笔记的内容，写进笔记本里。

虽然口里说的是笔记本，其实，我所使用的还是众所周知的那种卡片。而且，仍然按照一卡一事的原则书写。卡片的顶上一栏填写该内容的一行摘要，下方填写该书作者姓名、书名以及相应页码。对于该书本身的详细记载——出版发行单位、出版发行年月日等等，由于已经写在读书确认卡片上，所以，此处则不必填写。

如果我们采用这种方式进行，那么，就要认真选择确实必须填写的内容。如果最初开始阅读的时候，就是一边阅读一边写笔记，就会将一些继续阅读下去自然就能够解决的问题写进笔记本里，最终记很多内容都是徒劳无益。使用卡片的优点就在于不必反反复复地书写了吧。写成的卡片已经不再是读书笔记了，已经摆脱了读书笔记的束缚，变得和其他卡片一样，直接作为新的智识生产素材加以利用。

按照我自己的实际经验，读完一本书通常要写3张至30张卡片。无论什么书籍，总是要告诉我们一些事情的，不过，也不是没有一张卡片都做不出来的书。

书读二遍

读书方法中，与精读、泛读等等相提并论的还有一种名为堆读的方法，自古流传至今。也就是将书籍“堆放”在书架或者桌子上，并不阅读的“堆读”。

我十分积极地利用这一“堆读”方法。不过并不是只堆不读，当然，未读的书也有很多。我则是将读过一遍的书堆放起来。阅读完毕，用铅笔做了标记的书籍，暂时在书房的写字台上积存一段时间。前文所讲，按照字行旁边划线做笔记，并不是读完立即进行，而是在相隔几天甚至几周之后进行。在此期间，一本本的书就堆积存放在自己的眼前。

起初，由于书写笔记的时间安排不开，迫不得已才养成了这种习惯。不过，后来，一看，这种习惯倒也不错。刚刚读完一本书那种强烈印象，渐渐脱水淡化，对于该书的看法就会冷静很多。到了这一阶段再写笔记。写完笔记之后，该书就该入库了。

采用这种做法以后，我发觉这实际上是将一本书阅读了两遍。不过，第二遍的阅读方法，效率极高。它等于是在很短的时间内，牢牢抓住了关键所在。很多情况常常是到了这一阶段才开始注意，对于全书的总体认识也有了升华。古人有云“书读百遍，其意自辨”，那是在古代可读的书籍很少的情况。置身于当今时代，要读的书很多很多，一本书想要阅读很多遍，事实上是行不通的。但是，多读几遍，理解就会加深，乃是事实。因此，作为既实际又高效的读书方法，我实行了这种“书读两遍”的方法。如果算上两遍阅读之间穿插的那种“堆读”，不就是书读三遍了吗？

双重读书

下面要讲的情况我并不了解有多大的普遍性。不过，由于我认为，它是很重要的，所以，决定加以介绍。它是这么一回事：回顾起来，我在书中划线的地方，很显然分为两个系列。第一个系列，是“重要之处”；第二个系列，是“有趣之处”。

“重要之处”，指的是在理解该书方面，属于关键之处，或者是明显表现作者创作思想之处等等。它也可以说，“对于该书来说”，乃是重要之处。或者，“对于该书作者来说”，乃是重要之处。前文讲过，书籍要站在作者的角度来阅读。在这种“重要之处”划线，应该说，正是体现了这种精神。

不过，在实际上，一些与该书的写作主线几乎毫无关系，或者作者不经意间信手写下的情节，读者却觉得十分有趣而划线的情况，则为数不少。它就是“有趣之处”，那种有趣，乃是“对于读者自己来说”的有趣。我划线的部分，如果让作者看到的话，或许会目瞪口呆，十分惊讶。

于是乎，我认定，书籍其实是按照双重脉络阅读的。一个是按照作者构建的文章脉络；另外一个则是按照读者自己固有的思维脉络。它们完全是两股道上跑的车，合不到一股道上。

我认为，这一点与人们常说的“书籍，要批判性地阅读”有所不同。哪里还有什么批判，早在第一重脉络就已经完全成了作者的粉丝，只有钦佩、折服之情，何来怀疑、批判之意！第二重脉络的呈现则是读者自己一边想象着与作者迥然不同的“莫须有”情节，一边阅读的证据。或者说，还有几分触动，几分联想。这也是在作者始料不及的地方，猝然闪现的火花。所以，这第二重脉络应该说是一种羞于称为脉络、有点支离破碎、杂乱无章的东西。不过，反正它是一种与作者创作思路完全不同的东西。

我不知道这种现象在心理学上作何解释，姑且允许我斗胆采用“双重读书”的叫法吧。我，的的确确是双重读书的。

创造性读书

说起来最重要的乃是读书笔记的内容。我们读完一本书之后，读书笔记应该写一些什么呢？谈谈我自己的情况吧，实际上，在卡片上书写提要或者摘抄语句，全都属于第二重脉络。也就是说，所写的都只是对于作为读者的我自己而言“有趣”的情节，对于作者而言的“重要”之处，则一点也没有写。我之所以这样讲，是因为作者自己所构建的文章脉络就是该书本身，早已经以实物的形式存在于读者的眼前了。如果我们循着作者所构建的文章脉络，书写提要或者摘抄语句，其结果只能是将作者的整本书原封不动地全部转抄成卡片，那么就会劳而无功了。如果真有必要，我们将原书重新阅读一遍好了。

“作为读者的我自己那种脉络”是支离破碎、杂乱无章，而且是一闪而过的瞬间火花。我们必须不失时机地将其迅速捕捉，并且牢牢抓住不放。当我们在字里行间划线的时候，极其简单地将脑子里一闪而过的念头写在了书页的空白处。由于这种念头以及联想犹如一道亮光，所以，如果仅仅凭借划线，事后会对自己当时为什么要划线，当时是怎么想的，都感到莫名其妙，不知其所以然。

显然，这种读书笔记恰恰是位于前文所述“发现记事簿”的延伸线上。或者说，读书笔记是一种自成一格的另类“发现记事簿”，而读书则是为发现起到了一种催化作用。

重要的是，阅读书籍要正确领会作者的创作思想，并以此开拓且培育读者自己的思想。我认为，读书就像是一种电流感应现象。当一个线圈通过电流，另一端的线圈就会发生一种截然不同的电流，称为感应电流。二者在任何地方都没有直接联通。关键在于并不是初开始通过的电流，而是后来发生的感应电流。将这种感应电流巧妙引导出来，电机才得以运转起来。

我虽然感到对于作者颇有一点不敬，但是，这种做法实际上是一种以作者的书为跳板，开拓并且培育读者自己那天马行空的思路以及想法的做法。纯粹以读书取乐，似乎也无不可，但是，那可以说只是一种消费性的读书。相反，我们这种读书方法是不是可以称为生产性的读书方法呢？或者说，一旦采用了我们这种读书方法，读书就会成为一种创造性的行为。从我们与作者的关系而言，与追随性读书或者批判性读书相反，我们这种读书不就可以称为创造性读书了吗？

关于引用

下面将要介绍的问题，在其普遍性这一点上，虽然也还有一些怀疑，但是，由于它是我认为非常重要的一个问题，所以，恕我斗胆在此讲述。它就是书籍的引用问题。

实际上，我曾经在一段时间内被人们风传："听说那个人从不读书。"人物评介等等，直言不讳地写过，还有人当面指责。但是，如果认为从事我们这样职业的人，不读书就可以正常工作云云，简直是痴人说梦。之所以会产生这种风传，恐怕是因为我在文章之中写过自己"不喜欢读书"的话（《我的读书法》）。不过，人们干着自己并不喜欢的事情，却是很多很多的。

我被人们认为从不读书，自己能够想到的一个理由是，我写文章，很少引用其他书籍的内容。在学术论文方面，我引用确实很少。这或许是一个科学工作者所受到的基础训练之性质所决定的。文科学生的论文常常罗列出一长串参考文献或者引用书目，让人瞠目结舌。不过，其中包括了很多与其论文并没有多大关系的普通书籍。似乎在炫耀论文作者的阅读数量，我自感汗颜，实在不能效法。理科学生的论文，由于只是列举与主题有直接关系的参考文献，所以，引用文献很少乃是常见现象。

之所以不过多罗列引用文献，乃是出于一种羞愧汗颜等等的美学意识问题，同时，或许原因在于读书的方法。我认为，撰写论文大量引用别人书籍内容，大概是在一开始读书的时候就做好了思想准备："要引用它。"在上一节中，我已经阐明，按照自己的读书方法，写笔记也是在"读者自己的脉络之中"，而不是在作者的文章脉络中，所以，不适宜引用作者的创造思想。

大量阅读书籍，从中横抄竖引，说东道西，俨然学富五车。但是，实际上，还真的不敢认同那是生产性的做法。按照我自己的做法，书籍并不是"为了说点什么"而读的。正确地说，应该是"为了不说什么"而读的。也就是说，如果某处的某本书已经写过了，那个问题已经有人考虑过了，所以，自己也就没有必要再重复做同样的事情了。我们是为了验证自己的思路是不是新颖的，才去读书的，所以，引用所读书籍内容很少就在情理之中了。按照这种观点看来，完全没有必要为引用很少而羞愧汗颜。按照一般常识，倒是大量引用他人作品内容的人应该感到羞愧汗颜才对。因为那般程度听从他人的言说，自己发挥创造的成分就会很少了。

不过，毕竟还有很多其他的书。即使认为属于自己创意的思想，或许早已有人在什么地方写过。如果知道，并没有与自己类似的观点而无以引用倒还可以。但是，如果并不了解有没有类似观点而不引用那也是应该感到惭愧。即使本书所谈论的“读书方法”实际上大部分也是很多书都写过的，或许只是我自己不了解罢了。一想到这一点，我就不禁产生钻地缝的想法，嗨，实在不好意思呀。

7. 由笔到打字机

“书写”日文

接着“阅读”的话题，下面我们来谈谈“书写”的问题吧。作为智识生产的两种技术，书写技术远比阅读技术存在的问题更多。一般说来，书写要比阅读困难得多，需要花费的时间也长得多，这是不言而喻的事。特别是在日语中，书写存在很多的问题。

近代日语在很多方面都是一种变化十分巨大的语言。特别是在“书面语言”方面，变化之大更是惊人。实际上，比较一下书写的文章，一个世纪以前的文章与现在的文章截然不同，简直让人难以相信两者竟然属于同一种语言。而且，这种变化在第二次世界大战以后尤其剧烈。时至今日，现代日语的这种变化仍然方兴未艾。

尽管发生了如此剧烈的变化，然而，近代日语作为一种书写语言，如果说它已经接近完成的目标，那绝对是难以想象的。过去遗留下来的问题至今还有一些没有得到解决。譬如，现代日语的标记方法就极不稳定。虽然这是因为列为语言书写规范的所谓正字法，至今还没有制定出来。但是，日语作为一种现代社会的文明语言，却又连正字法都没有，这真有点意思吧。一想到这一点，真的让人难以想象日语的前景将会如何。

处于如此激烈动荡的时代漩涡之中，我属于必须创造自己的“书写语言”的一代。正因为如此，颇有一种将日语发生的这种变化与存在问题，视为自己个人发生的变化与存在问题的意味。亲眼看到各种各样的动向、潮流，自己个人也曾经被卷入这种文化漩涡之中。请允许我，一边回顾自己的亲身经验，一边探讨这种日本文明剧烈变动时期的“书写”技术变化以及存在的问题。

笔墨杂谈

首先我们来谈一谈书写工具的话题吧。用于书写日文的笔头用具，与过去相比，变化最大的大概要数不再使用毛笔这件事吧。在我的少年时代，使用毛笔书写信件是一件十分普遍的事情。使用毛笔书写账簿的人，也为数不少。这种传统，在书写个人简历的时候好歹还保存了一段时间，就连这一点现在也已不复存在了。我作为这个时代的一分子，应该说，还是比较喜欢使用毛笔写字的。时至今日，仍然时不时地提笔挥毫。

我对于毛笔的品牌之类，属于满不在乎的人群范围。古时候，那些文人墨客对于笔墨纸砚可是十分挑剔，极其讲究的。在发源地中国，对于文房四宝，人们自古就喜爱对品牌评头论足，而且还有种种定评。诸如，端砚、湖笔、徽墨（毛笔以湖州所造为最，墨以徽州产品为最），等等，已经形成了固定的词语。这种风气也传入了日本，日本的文人墨客们也不甘寂寞，附庸风雅，对笔墨纸砚津津乐道、评头论足的形迹，比比皆是。

这种风潮至今犹存。不过，如今人们评头论足的对象，似乎只是自来水笔了。在书写文章的群体之中，对自来水笔了如指掌、如数家珍者，大有人在。什么犀飞利笔书写如何流利啦，什么派克笔的墨水怎么永不褪色啦，等等，聒噪之声，不绝于耳。简直就是湖笔徽墨评论的现代版本。与美食评论、旅游评论并驾齐驱，这种风气应该叫作笔墨评论吧。

我本人对于毛笔以及自来水笔的品牌，并不在意。只要墨水足足的，写字粗粗的，什么品牌都无所谓。

由铅笔到自来水笔

自来水笔这种书写工具，我开始使用大概也就是最近几年的事情，在此以前还从来没有使用过。有的人常常使用铅笔书写稿件，我也是其中之一。说来好笑，也不知道究竟是什么缘故，我正在撰写一篇稿件的时候，突然心血来潮，想要使用自来水笔，就中途放下铅笔，跑到文具店买回自来水笔以及墨水。使用自来水笔一写，感觉良好。从那篇稿子的一行中间开始，直至今日，我一直坚持使用自来水笔书写。

使用铅笔大概是我上小学的时候接受的教育，而后形成了固定的习惯吧。我觉得，自己改用自来水笔是一件好事。仔细想来，使用铅笔书写并没有什么优点。如果使用铅笔撰文，就会用橡皮刷刷地边写边擦。写错的地方擦掉倒还可以，不过，却弄得到处都是橡皮屑。而且，铅笔还必须不停地削啊削的，以至于我外出旅游的时候，手提包里也总是装着一个手摇转笔刀。心里还在寻思，书房里是不是应该买一台电动削铅笔机了。改用自来水笔以后，这些麻烦就统统烟消云散了。电动削铅笔机最终也就不再购买了。

最近我一想到撰写稿件，就感到由铅笔改为自来水笔真是太好了。对于从事编辑、印刷工作的人们来说，再也没有比处理铅笔书写的稿件更让人头疼的事情了。字迹难以辨认，而且很快就磨得模模糊糊，更加看不清楚了。我对于这种情况一无所知，却在相当长的时间内一直使用铅笔，真是给人家平添了很多麻烦。

书写文字的美学与伦理学

写给别人的信函，也不知什么缘故，铅笔书写被列为不恭、失礼之举。我写信，以前就也一直使用钢笔。然而，这种钢笔字写起来却是非常困难。

如果使用毛笔，运笔粗细轻重都还可以掌握。但是，使用纤细的笔尖写字，却是丑陋不堪，我非常讨厌。不仅仅是一个个的字写出来十分难看，而且，通篇的文字搭配起来也很困难。就是在信笺上书写，也别想写得端端正正。每当接到字迹娟秀、整齐美观的来信，我就羞于回复。自己写不出一笔好字却又美学感觉极其敏锐，可真是一个悲剧。于是乎，自己就渐渐懒于动笔了。

在日本，毛笔书法自然不言而喻，就连钢笔书法也成为审美鉴赏的对象。非但如此，人们还荒谬绝伦地迷信什么，笔迹能够反映人的品行等等，写的字甚至成了伦理道德批评的替罪羔羊。个人简历，不管毛笔还是钢笔，都必须由本人亲自填写，这是一种常识。

不过，用人单位或许觉得，凭借笔迹就能够对人员进行一番鉴定了。

鉴于以上种种情况，我越发讨厌写字。即使离开了美学以及伦理学的角度，最起码也难以摆脱笔迹具有个性色彩这一点。自己写的字与别人写的字放在一起，一眼便可分得清清楚楚。看着自己写的字，就像是看自己的分身一般，心里感到很不是滋味。西方人，无论写信或者写文章，统统使用打字机，哪有什么个性不个性的。轻轻松松，了无牵挂。我不禁感叹，我们如果也能够那样该有多好！无论写信或者写文章，都不必手写，统统使用机器。也就是不使用钢笔而使用打字机。日文不也能够那样吗？

通常，打字机这种机器，人们大多只是从打字机的办公效率来考虑的。不过，还有人则是从另外的角度，以一种美学的观点来考虑。我的情况，就是如此。

初试打字机

我开始使用英文打字机，并不是很新鲜的事情。早在上高中的时候，我便拥有一台属于自己的打字机。那是雷明顿牌的便携式老式打字机，不过，我用起来得心应手，一直用了十年。我只是一名高中学生，所以，自然没有什么实际的使用目的。只不过是一个玩具而已，但作为学生玩具，未免过于奢侈了点。不过，家父认为，这样做总比放任儿子沉湎于声色犬马要好，所以，十分爽快地就给我买了下来。如今，已经有了日本国产的廉价打字机，特别是还有一些打着“学生专用”旗号销售的，想要购买不费吹灰之力。

总而言之，正因为我拥有一台属于自己的打字机，所以，自己对于打字机才能够了如指掌。虽然靠的是自学，但采用专业打字员使用的正规教材进行训练，所以，打字速度很快，而且，打印的文章整齐美观。虽然打字机里的字无论谁打都一模一样，毫无个性，但是，看到黑色的铅字型文字，在一张白纸上，行云流水般地出现，我就感到心花怒放。而且，享受着摆脱了写字的蹩脚与没有个性色彩的美感，带给自己的喜悦。

在开始的时候，商店出售的全部都是英文打字机以及德文打字机。除了学校的功课之外，我自己还使用打字机做一些报章杂志剪贴以及其他事情。不过，就在这段时间却迎来了一个重大的转折：我开始尝试使用打字机打起日文文章来。当然，由于打字机的字盘还是老样子，所以，虽说是打日文文章，其实也只是日文罗马字母文章。

摆脱手写

汉字夹杂假名的日文文章，英文打字机无从打起，这是再明白不过的事情。虽然一种名为和文打字机的机器问世，使得汉字与假名都能打印了。但是，那只是一种誊印机，并不是人们常说的打字机。不仅练习起来很费时间，而且无论手法多么熟练也要比手写还慢。

前文提到对于打字机的美学探讨，不过，当然不是对于效率置之不理。虽然比手写快这一点也很重要，但是还有一点，打字机打字十分轻松。手写文章，其实并不是手在写，而是全身在写。人们身、心都很紧张。相比之下，使用打字机才真正是指尖的劳动，要轻松得多。一旦使用电动打字机，那么，人们的劳累就会更少，并且，打出的文章也会更加美观。

很多国家大多数都使用打字机，效率有所提高。像日本这样高度文明的国家，在写字这一点上，还停留在手写这种亘古未变的原始方式止步不前，实在让人不可思议。无论使用哪种文件整理的方法和提高办公效率的方法，只要不甩掉这种写字的麻烦，问题就难以得到解决。智识生产的很多内容作为最重要的要素，归根结底都包含写字的作业。不过，仔细想来，让日文登上打字机这个舞台，应该说是日本智识生产技术中头等重要的问题。

领悟到这一点的人早就不在少数。人们千方百计想让日文登上打字机这个舞台，他们为此进行了种种尝试。但是，如果日文的标记方法一直墨守成规，不思进取，那么，什么问题也解决不了。要想让日文登上打字机这个舞台，当务之急就是要采用一种表音文字，罗马字母是其备选对象之一。

罗马字母论的传统

罗马字母国字论或者罗马字母运动，始于明治时代初期。那是一场宣扬“以罗马字母书写日文”或者“让罗马字母成为日本国字”的文化运动。在很长的一段时间内，日本地球物理学以及航空物理学之父，著名博士田中馆爱桔，是这一运动的核心人物。田中馆爱桔博士曾经是贵族院议员，每一次出席议会，他都要大谈特谈罗马字母问题，以此名闻遐迩。田中馆爱桔博士的高足，同样也是著名物理学家的田丸卓郎博士，他的罗马字母理论在后来的相当长一段时间内，一直处于主导地位。

在我的高等学校的同学中，有一位名叫河根诚。他后来担任京都大学工学院的教授。再后来，河根诚教授转岗下海，现在是一家名为帝国化工会社的社长，兼技术专家与实业家于一身。不过，河根诚教授也是我的罗马字母老师。我从河根诚教授那里借阅了田丸卓郎博士那一本千古流芳的名著《罗马字母国字论》(岩波书店出版发行，第一版印刷于1941年)。但是，尽管我在高等学校时期，河根诚等人千方百计对我灌输，我却一直冥顽不化，根本没有成为一个热心的罗马字母主义者。在我所在的旧制第三高等学校*里，有一个文化团体三高罗马字母会十分活跃。但是，我并未参与其事。大学毕业后，我才对罗马字母真正热心起来。

在大学里，我的恩师、动物生态学教授宫地传三郎先生，早在青年时期就是使用罗马字母书写日文的实践者。宫地传三郎先生毕业于第六高中，在六高所在地冈山这一片热土上，古罗马字母运动以及世界语运动等等就开展得轰轰烈烈。语言改革运动的尖兵、斗士，人才辈出，奋勇争先。宫地传三郎先生可能也是受到了这种风尚的熏陶吧，据说先生在大学里所写的笔记全部使用罗马字母书写，所以，对于罗马字母运动，他肯定是倾注了满腔的热诚。

后来，在第二次世界大战结束以后不久，我和河根诚教授一起创办了罗马字母杂志。时间是在1947、

---

* 是京都帝国大学预科。——译者

1948 年前后。杂志名称叫作《Saiensu》，这是一种全部采用罗马字母书写的专业性学术刊物。我们试图在使用罗马字母书写日文的实践方面，一炮打响，开创一片新天地。至今想起来，我觉得这仍然不失为雄心勃勃的大胆举动，不过，却得到众多科学工作者的热情支持，每一期稿件都源源不断寄到，根本不必发愁。杂志总共出版发行了三期，这一在日文历史上值得纪念的英雄刊物却也由于出版社倒闭而停刊。

词语选择与分隔书写

我在每日如斯地使用打字机打印罗马字母日文文章的过程中，掌握了一些在撰写日文文章方面十分重要的知识，这是我始料不及的收获。

第一，词语选择一定要慎之又慎。由于罗马字母只是一种表音文字，所以，如果大量使用高深莫测的汉语词汇，文章的意思可能就无法显豁。因此，必须尽可能选择那些人们耳熟能详、一听就懂的常见词语。其结果，我的文章在文体方面完全改完了。用罗马字母写日记的是有名的石川啄木。岩波书店版石川啄木全集收录了石川啄木的全部著作，那些文章简洁精练，扣人心弦。据桑原武夫先生介绍，石川啄木的文章自从使用日文罗马字母写日记以后，大有进步。我坚信，实行罗马字母书写日文，经过一段时间，对于写作训练的确大有裨益。

第二，重要的是，在使用罗马字母书写日文的时间里，我学会了日文分隔书写的方法。在一般性汉字夹杂假名的日文文章中，语句不按单个词语分隔书写。但是，一旦采用罗马字母书写，如果不加分隔，一个字一个字紧接着写下去，根本就看不懂。就是说，必须一个单词一个单词分开书写，这就叫作“分隔书写”。

实际上，在什么地方分隔、如何分隔是一个颇为困难的问题。对于这个问题，罗马字母研究会等等社会团体很早以前已经进行过详细的研究。譬如，田丸卓郎博士的专著《罗马字母文章研究》（日本罗马字母社出版发行，第一版于 1920 年印刷）等等就是围绕这一问题进行阐述的，它是一部奠定田丸语法的名著。我扎扎实实地阅读、学习了这本专著。后来，现任东京大学教授的语言学家柴田武等人，开发了远比田丸语法更加贴近日语结构的分隔书写方法，这就是人们后来称为东大系统的分隔书写方法，关于它的来龙去脉，我将另找机会介绍。

总而言之，在我们使用打字机敲打出罗马字母书写日文文章的过程中，日文本身的确完全掌握在自己手中了。我学会书写日文文章了。无比奇妙的是，就是凭借着打字机这种非传统类型的工具代替笔墨砚台等类书写工具，我反而深深地沉湎于日语的传统之中。

文字革命的尝试

我在一家旧书店里发现了一本十分奇妙的书，于是，就把它买了回来。书名叫作《取代汉字的新日本文字及其缀字方法》，好家伙！够长的书名。作者名叫稻留正吉，翻开书末的版权页，上面注明：大正八年（1919 年）出版发行。出版发行单位："文字革命社。"菊判*220 页，堂而皇之的大部头。

翻书一看内容，果然非常"革命"。因为作者提出，为了书写日语，要创造一种新的文字。文字的数量为基本文字共有 75 个，另外，还有一些特殊文字。虽然是一种与假名文字相同的音节文字，但是，其字形有的与罗马字母相同，有的则类似希伯来语文字以及读音符号。看了书中对于字形起源的说明，我才知道不少文字乃是由片假名、平假名以及变体假名变形而来。

书中接着说明了如何使用这种文字书写日语以及

---

* 日本旧版书籍开本，尺寸为竖高 93.9 厘米、横宽 63.6 厘米。——译者

日语语法。令人无比震惊的是，日语的名词竟然设置了性与数的区别，为了表示这种区别，还专门创造了无音文字，缀于词尾或者词头。看了该书的后记以后，我才明白该书分为上下二卷出版，并且预告下卷将大张旗鼓，列举实例，对日语原有国语文典的谬误加以指正。我买到的只是该书的上卷，下卷是否真正出版，还有这位革命的国语国字研究学家后来如何结局，我一概不知。

后来，也就是从 1961 年开始，我每月都会收到一期名为《新文字》的月刊，该刊由“新文字研究会”创办。这个研究会也主张以一种新创造的音节文字来书写日文。该种文字总共约有 100 个，大多数类似罗马字母，还有一部分类似希腊文字。与前文所谈稻留式毫无关系。

这种所谓“新文字”是晚年退隐奥伊豆的石原忍先生创造的。石原忍博士是一位著名的眼科医生，是众所周知的“色盲检查表”的发明人。石原忍博士在进行日本人近视问题的研究时，由文字的易读性问题发展到关心日本国字问题，最终发明了这种“新文字”。

杂志每月都准时收到，但是，自从 1963 年 1 月号以后，就如同石沉大海，再也没有收到了。1963 年 1 月 3 日，石原忍先生与世长辞。我不知道这个文字革命运动后来如何了。月刊、研究会、“新文字”，难道都与它的创始人石原忍先生一起销声匿迹了吗？

消失的新字论

对于日文汉字，对于假名文字全都不满意，重新创造一种更加合理的文字，用来书写日文，这种观点实际上在很早以前就大量存在。早在明治时代，就曾经有过五花八门的方案出现。重新创造假名文字，变形罗马字母，其中还有利用日本古代象形文字——神代文字造字的。这种观点归纳起来，统称为“新字论”。稻留式也好，石原式也罢，全都是新字论的一种。其实，由于所谓的神代文字本身就是一种后人创造的新字，所以，由神代文字脱胎换骨的新文字等等，也就等于由新字创造新字。

构思新字这一工作似乎有着不可思议的魅力，能够让人产生一种难以置信的激情。本来，热衷于国语国字研究的人们常常表现出一种狂热的倾向，而新字论者中就有人奋不顾身投入新字的创造工作。前文提到的稻留正吉在该书的序言中说，他筹划国字改革与国语整理二十余年，下定决心为之奋斗终生，并且为此而顾不得娶妻生子，还拖累老母不得安宁，自己甚至丢掉了工作，“豁出性命”写了那一本书。读来让人五内俱焚，心里不是滋味。石原博士也是四十年如一日，坚持新字方案研究，还为推动新字研究专门创办了月刊，这本身就让人惊奇万分。

在书写日文方面，汉字以及假名的确都存在诸多缺陷。故而就想，索性发明一种更为科学合理的新字。这种想法可以理解，而且所提出的新字方案，确实有相当合理的成分。但是，这些新字论者应该如何让普通百姓能够使用自己的发明？在这一方法论上似乎有所疏忽。一般民众都比较守旧，都有一点惰性。现在使用的文字尽管有些不尽合理，使用起来也不方便。但是，他们也不会丢掉现成的东西，去追求新的文字。在屈指可数的国语国字改革运动之中，新字论不行，这已经成为一个结论。无论你的发明多么高超，都没有办法普及推广。这就是众多热情似火的新字论者，从一次次惨痛的失败之中艰难得出的可悲结论。

从罗马字母到假名文字

正如前文所述，我一直坚持使用打字机打日文罗马字母。在一段时期里我或许有一点狂热。信件全部使用打字机打罗马字母，而且，丝毫也不顾及收件人作何感想，不分张三李四，只管寄出，统统强加于人。

收到罗马字母打印信件的人们，什么样的反应都有。有的人称赞我有一点敢想敢干的勇士精神，鼓励我要为日本的文字改革做出更大的贡献。但是，也有的人牢骚满腹，火气很大，说什么像这样生涩难懂的信件下不为例，再也不想看到第二次了。从总体上来看，虽然在理论上赞成使用罗马字母书写日文的人很多，但是，实际上认为其生涩难懂是显而易见的。固然我书写罗马字母已经习以为常，阅读起来也不费劲，所以并不感到多么痛苦。但是，对于还不习惯的人而言，罗马字母作为书写日文的文字，完全是一种十分陌生的新文字。除了一部分勇于尝试的前卫人士以外，几乎不会有人肯于抛弃现有的文字，即便现有的文字存在不尽合理、不便使用等等缺陷，他们也绝不会去迁就一种全新的文字。正如新字论所经历的苦难命运一样，我的罗马字母打字机也以碰壁而告终。

假名文字论的流派

日本的国字改革运动之中，除了新字论流派、罗马字母论流派之外，还有一种假名文字论的流派。他们主张使用假名横写日文。这一场运动在第一次世界大战结束之后持续取得惊人发展的大阪工商业界的经营者中间发生，并且发展壮大。与罗马字母运动在理论倾向上十分强势不同，假名文字运动非常注重实际效果。假名文字运动一开始就与使用打字机结下了不解之缘。他们决心凭借着打字机的使用，将日文书写速度一下子提高很多倍。我从打字机入手，采用罗马字母碰壁惨败，而后改弦更张，开始投身假名文字的研究，也是顺应时代潮流的自然选择。

在假名文字运动中，有一个名为财团法人假名文字会的组织机构。我拜访过假名文字会的领导人松坂忠则，还会晤了假名文字运动的老前辈伊藤忠兵卫。他是一位创建一代超级财阀的实业界英雄，又是假名文字运动的头号推动者。我从这些人物身上具体详尽地学到了假名文字运动的历史以及理论。我万分感动地听说，假名文字运动的先驱者山下芳太郎已经在美国打字机厂家安德文（UNDERWOOD）打字机公司下了订单，这才有史以来第一次开始了假名文字打字机的生产。

当今时代，假名文字打字机已经非常普及，很多会社的业务传票专门使用这种打字机打印。我开始学习假名文字打字机，是在 1960 年前后，时间还不是太久远。尽管如此，令人惊喜的是，销售假名文字打字机的公司已经超过了十家。德国产、美国产、意大利产、瑞士产、瑞典产假名文字打字机纷纷上市，源源不断地投放到日本市场。我顺手拿起身边的打字机样本，研究起来。

虽然打字机的种类繁多，但是，我最终购买的却是一台赫尔墨斯便携打字机。我是看钱袋子情况选择的。但是，这台打字机却是既轻便、又结实，非常好用，我视若至宝。

假名文字打字机

关于假名文字打字机已经编印了很详尽的教科书。那是吴羽纺织的文书课长松村真一编写的，此人是伊藤忠兵卫的直系亲属，也是一位假名文字运动的核心人物。

由罗马字母到假名文字的转变在技术方面并不是多么困难的事情。起初，我脑子里还想着罗马字母的事情，手指一动，一篇杂乱无章的文章便出现在了纸张上。如果只能打英文字母，是不会发生这种事情的。但是，直接打出来的就是日文，所以就乱成一团了。不过，过了一个月之后，我的手指已经完全记住新的键盘了。

　　カナモジ タイプライター ニワ，スデニ リッパ ナ
キョウカショ ガ デキテ イタ．　クレハ ボウセキ ノ
ブンショ カチョウ ヲ シテ イタ マツムラ シンイチ シ
ガ ツクッタ モノ デ アル．　コノ ヒト ワ，
イトウ チュウベイ シ ノ チョッケイ デ，ヤハリ
カナモジ ウンドウ ノ チュウシン ジンブツ ノ ヒトリ
ダッタ．
　　ローマジ カラ カナモジ エ ノ テンシン ワ，
ギジュツテキ ニワ タイシテ ムツカシイ コト デワ ナカッタ．
ハジメ ノ ウチ ワ，ローマジ ノ ツモリ デ ユビ ガ
ウゴイテ，メチャクチャ ナ ブンショウ ガ カミ ノ ウエ
ニ アラワレタリ シタ．　エイゴ シカ ウッタ コト ガ

至于语法的问题，采用罗马字母还是假

名文字基本上都是一样的。假名文字会方式的词语分隔是一种句节的分隔，原则上采用テニヲハ等前缀助词。这虽然自有个中道理，不过我认为，它无论在理论上还是在实际上都不合适。于是，我决定将前文所述罗马字母方式的“东大系统”借用于假名文字方式。那种方式将格助词全部省略。以罗马字母运动斗士名闻遐迩的堀内庸村，已经捷足先登，出版了一本《假名·罗马字母通用分隔方法》，我十分佩服。进入假名文字时代的条件在客观上已经具备了。

我依照惯例，所有信件全部采用假名文字打字机书写。这一次远比采用罗马字母的时候评价高得多。由于打字机所采用的假名文字采用专门设计的字体，所以，横行排列得十分整齐，看起来非常美观。再加上，无论怎么说也比罗马字母容易阅读。不久，就接到很多人对于假名文字打字机的询问。后来，渐渐就有人打算亲自尝试使用了。著名电影剧本作家依田义贤就是其中之一，买回家打字机之后，就“大打出手”，弄得文章满天飞。

虽然我没有亲眼见过，但听说还有一位电影剧本作家桥本忍，很早以前就是使用假名文字打字机打印剧本稿子的。难道说电影剧本使用打字机打就有理由写得快一点吗？

对假名文字的抵触

对于打字机所打假名文字那种独特字体的优美，前文已经做过介绍。我认为，虽然它确实是一种有魅力的字体，但是，它这种独特性似乎还是成了普及假名文字的绊脚石。这是因为，尽管它并不是一种全新的文字，但毕竟还是一种半新的文字。对于还没有熟悉这种字体的人们而言，似乎就会对假名文字唤起一种强烈的心理抵触。

按照我的想法，总而言之，使用打字机这种机器打出日文才是目标，采用罗马字母以及假名文字并不是目的。这一点要想得到社会的认可与接受，就必须让人们的心理阻力降至最低水平才行。如有可能，使用打字机直接打这种汉字夹杂假名的文章，那就再好不过了。由于我们还做不到这一点，所以只得吃苦受累。

那么，既实用而又阻力最小的手段究竟是什么呢？我们索性采用“平假名”怎么样？制造平假名打字机，不行吗？这就是我的想法。而且，如有可能，我们就采用竖行打字。制造竖行打字机大概并不困难吧。因为只要横向抓取铅字就行了。

只用平假名

其实，仅仅使用平假名书写日文这种想法，其历史远比仅仅使用片假名的假名文字论更为悠久。日本近代邮政制度之父，文字改革运动先驱前岛密，在这场运动中也是冲在第一线的尖兵。他早在 1866 年就已经创办了一份名为《平假名新闻》的报纸，并且，还于 1883 年发起成立了一个名为“假名会”的学术团体。

但是，这些运动都没有坚持太长的时间。当时的假名文字论纯粹是观念抢先远远跑，实用遥遥不可及。因为就连假名使用方法究竟是采用发音式还是采用历史上的传统假名用法，都没有定论。而且，假名文字的字体也是悬而未决。何况，我们又处在一个变体假名横行天下的时代。

在大正年代蓬勃发展的假名文字运动，为什么没有采用平假名而采用了片假名呢？我对此也不甚了了。当年，人们远比现在更经常使用片假名。尤其是天皇敕书、政府公文等等，一般都只使用日文汉字以及片假名书写，或许就与这种情况有些关系。

然而，当今时代则是平假名的鼎盛时期。就连小学校里也是优先教授平假名。片假名则沦落为仅仅标记外来语。减少汉字使用的思想得到了普及，大量使用假名的文章日益增多。现代的日本人见到连篇累牍胡乱堆砌假名的文章，也已见怪不怪习以为常了。

我曾经将自己“使用平假名打字机，有可能实现机打日文的梦想”的观点写成论文发表（岩波讲座《现代教育学》第七卷收录的《国语改革的问题》）。这恐怕是在日语技术论方面提出了一个新的观点吧。

平假名打字机

在那以后不久，我收到了一封来信。打开来信一看，我真的感到无比震惊。那封来信，虽然还是横行书写，但不就是我魂牵梦绕的“平假名打字机”打出来的吗？我心想“有人抢先下手，自己失之交臂！”我坐失良机，将平假名打字机开发者这一项日本文化史上无上荣光的桂冠拱手让于他人。

寄来平假名打字机所打信件的是京都好友斋藤强三。斋藤强三是一位日本罗马字母运动的英勇斗士，也是国语文字问题的杰出理论家。我当即赶到斋藤强三家中，亲眼看到了平假名打字机的实物。

令人不可思议的是，一群人各自完全独立工作着，虽然在不同路径上探索，最后得到了同样的结果。我一直以为，斋藤强三是激进的罗马字母主义者，不要说平假名，就是片假名，恐怕也是不屑一顾的。然而，斋藤强三却和另外一位罗马字母主义者川上晃一起，扎扎实实地稳步实施着平假名打字机的开发计划。

斋藤强三似乎在很早以前就已经开始研究打字机专用平假名的问题了。川上晃是日本最高法院的一名法官，是日文罗马字母速记专用打字机“速打”的发明者。他们二位是研究运用平假名打字机的先行者，早在 1955 年前后就在东京的黑泽商店试制过平假名打字机。斋藤强三协助川上晃，开始了平假名打字机的正式研发工作。专用铅字的字体是在川上晃已有方案的基础上，又经过日本著名书法家、东京学艺大学教授续木湖山（敏郎）润色而成的。于是，他们先行铸造了 20 套铅字。斋藤强三所使用的铅字就是其中的一套。据说，已经使用这种铅字在丸善书店制造了两台平假名打字机。其中一台现在在心外科专家榊原仟那里，另外一台在作家石原慎太郎那里。我也向斋藤强三要了一套铅字，安装到了自己的奥林匹亚牌便携式打字机中，拼凑出了日本第若干台平假名打字机。我记得，时间是在 1963 年的开初。

我使用了一下平假名打字机，实在很棒，超乎自己的想象。很容易识读，这样打出来的信件，对方收到以后，大概就不会有抵触，可以轻轻松松地看懂了吧。我由衷感到自己总算得到一件称心如意的日文笔记工具了！

亟待改进的问题

现在，经过斋藤强三等人的不懈努力，平假名打字机已经开始广泛普及了。已经在市场上现货供应的既有台式打字机，又有多种型号的便携式打字机。未来，平假名打字机必将日益普及开来。

但是，平假名打字机的开发工作却不能偃旗息鼓，就此止步。非但如此，依然悬而未决的问题还比比皆是，必须逐步加以改进、完善才行。

其中之一就是键盘的文字排列问题。在日本假名文字打字机的键盘排列之中，存在着三个系统，就是：电电公社*模式、假名文字会模式以及海上自卫队模式等等。由于我采用的是假名文字会模式，所以，在改用平假名打字机的时候，同样选择了假名文字会的键盘排列模式。我担心，一旦改用其他模式，自己的手指还会不会灵巧自如地分别敲打出平假名与片假名来。但是，据斋藤强三介绍，假名文字会模式，打字的效率很差，必须研究平假名打字机究竟采用什么模式为好。斋藤强三的研究成果已经以《平假名的标准排列》为题，公开发表。

另外一个很大的问题就是协调兼容的问题。将平

---

* 系日本电信电话公社的简称，现已更名为日本电信。——译者

假名与罗马字母或者片假名与罗马字母同时安装在同一台打字机之中，就叫作协调兼容。如果只是大写罗马字母，倒还勉强可以添加进去。像现在这样，人们在日文之中越来越多地使用罗马字母，譬如NHK啦，PR啦等等，能够协调兼容，就非常方便。但是，键盘字符数量有限的便携式打字机则捉襟见肘，力不从心。因而，不得不忍痛割爱，牺牲掉一些表示拗音的半角假名“ゃ”“ゅ”“ょ”以及表示促音的“っ”。但是，缺少了这些半角假名，全篇平假名书写的文章就会变得生涩难懂。这种矛盾应该如何处理呢？

另外，实际上，当我们撰写全部采用平假名的文章，还是会时不时地需要一些片假名的。譬如，我们在书写打字机たいぷらいたー、兼容こんぴねーしょん的时候，就需要鼓足勇气。于是，一台理想的打字机需要具备平假名与片假名能够兼容之功能。如今，无论怎么鼓捣，如果单凭一台打字机打那些字却不敷使用。如果有谁能够想出办法解决这一问题，那将是一项重大发明。

最近，对于这一问题已经有人认认真真地下大力气进行研究了。或许就在人们的奇思妙想之中，一种好的方法将会出现在我们的面前。我满怀欣喜地期待着这一天。

8. 信函

信息交换技术

接下来，我们探讨一下信函的问题。

如果说，书写信函也是一种智识生产技术，或许有夸大之嫌。但是，最起码它是一种我们旨在进行智识生产的重要辅助手段，这一点应该是毫无疑问的事实。因为人们利用通信工具进行各种各样的信息交换，极大地支持着我们的智识生产活动，这一点是不容置疑的事实。

不过有人觉得，信函书写方法之类的常识，连小学生都知道，现在还有必要谈论信函书写技术吗？然而，放眼日本，实际情况却似乎并非如此。从事智识生产职业的堂堂成年人，却不知道连小学生都知道的信函书写知识，这种情况不是比比皆是吗？让人啼笑皆非、不得不做如是想的实例多得不胜枚举。

我认为，现代日本社会似乎忽略了信函书写技术的开发和升华。所以，凭借信函进行的通信联系、信息交换体系，已经陷于十分艰难、无以为继的泥潭。

不过，我并不打算在此探讨经典信函的书写方法。我们不去探讨信函的内容乃至文章的问题。我们要探讨的是信函的形式。

信函形式的统一与分散

由于职业关系，我常常收到外国朋友寄来的信函。看着他们的来信，我发现了一件十分有趣的事情。虽然这些国外朋友的来信，按照寄信人的国籍计算，多达几十个国家。但是，按照信函的形式来看，千篇一律。信中的日期、收件人姓名、信函正文、署名，都规规矩矩。虽然信函既有用钢笔书写的，也有用打字机打的，但是，在总体形式上，信函却完全一样，根本找不到形式上的差别。

无论何种文化，古时候，大概都有各自一套固有的信函书写形式，不过，在当今世界，它们正逐渐被收容于一个统一的模式之中。我认为，现在在信函的书写形式这一点上，已经形成了一种全球性的、人类共同的文化体系。

然而，回顾日本的情况却是大相径庭。我理所当然也收到很多日本朋友的来信，这些来信与国外的来信恰恰相反，实在是五花八门，千奇百怪。其形式千差万别，让人简直看不下去。既有竖写的，也有横写的，这个如果说受到条件限制，不得已而为之也就罢了。同样都是竖写的，收件人姓名也是有的人写，有的人不写；落款日期也是有的人写，有的人不写；信尾署名，也是有的人写，有的人不写。真是无奇不有。

在介绍信函书写方法之前，或许应该对于信函书写所使用的纸张，啰嗦几句。信函用纸也是形形色色，各式各样。有的厚如纸板，有的薄得透明。有的印有分隔线，有的不印分隔线。如果以为信函应该书写在信笺上，那就大错特错了。大部分都是使用信笺以外的纸张。有用稿纸的，有用报告书专用纸的。让人始料不及的是，竟然常常有人随手从笔记本上撕下几页纸来，就那么写信。还有出奇的人，用报告书专用纸张，密密麻麻写满蝇头小字以后，胶水一粘，像卷纸一样，就寄过来了。等等，个性十足，不拘一格。

至于书写工具，使用毛笔的确实是凤毛麟角了。不过，却又有使用钢笔的，也有使用圆珠笔的，还有使用铅笔的。

总而言之，就是随心所欲。在当今时代的日本，信函的书写形式等等已经沦落到了无章可循的地步。在国际上，信函的形式正在归并统一，形成人类共享的文化财富；而在日本国内，信函却是“百花齐放”，不加制约，日益混乱不堪了。

信函形式的崩溃

为什么会沦落到如此混乱不堪的地步呢？前文提到，有人说信函书写就连小学生都知道，但是，小学生真的知道吗？信函的书写方法说不定在学校里根本就没有教过。为了验证这种情况，我询问了自己的子女。问：你们在初中以及高中，学习过信函的书写方法吗？答：不知道这个问题是什么意思。是信函文章的书写方法吗？那倒是在国语科里学过信文的书写方法。但是，信函的形式并没有学过。就连信函还有形式之说也不清楚。

我心想，在这一点上，并不仅仅是自己的子女，恐怕一般都是作如是观吧。现代日本的普通教育，即使教授一星半点信文的书写方法，也不会教授信函方面的有关知识。我也曾收到很多教育界人士的来信，与其他行业的人员比较起来，并没有多一点信函书写形式方面的修养。同样是自由散漫，随意性强。

这种情况令人十分震惊。日本是世界文明大国，素以教育普及、识字率高而闻名于世。全国黎民百姓人人都会写信，个个都能看信。随之而来的是邮件数量之多，也位居世界前列。在世界邮政联盟（UPU）

中所分摊的费用，也是按照一类国家承担的。这也就是说，在这种邮政文化繁荣昌盛的国度里，普通教育竟然连信函书写方法的固定形式都不教授，不能不说是一种让人不可思议的文化怪象。

但是，这似乎又不能责怪教育界懈怠。即便他们想要教授，也没有什么东西可以教授的。关于信函的书写方法，日本还没有确定的形式可以让普通教育编进课本，在课堂上讲授。

但是，在日本并不是从来就没有确定过信函的形式。应该说，日本曾经有过堪称严格的一整套规定。诸如，纸质、尺寸大小、折叠方法、格式、文体、用词等等，都有过严格详尽的规定。但是，这些规定却在日本进入近代社会之后，迅速失去了原有的形式。日本的和纸变成了进口的洋纸，传统的毛笔变成了时尚的钢笔，而且，竖行书写变成了横行书写，随着书写方式的总体性根本变革，古老的形式已经荡然无存。并且又是在新的形式尚未认真研究开发的空白时期，迎来了如今这样混乱不堪的局面。

之所以造成如此混乱的局面，大概与那种凡事都要强调“内容重于形式”的社会风气不无关系。也有对于过去过于讲究形式的逆反心理在作怪，特别是在第二次世界大战之后，这种倾向陡然激发，气势汹汹。内容至上主义，究其本身，应该是一种正确的观点，不过，凡事都应该有一定的限度。一些接受过高等教育的人，却使用稿纸，或者竟然随手撕下几页笔记本纸，挥起铅笔写信等等做派，我还是觉得有辱斯文，有失体面。不是吗？

厌烦写信

我在很早以前就发觉了一种情况，那就是这样一个事实，各种各样的人寄来的信件，都是使用公用信笺书写的。纯粹私人事务的信件，也使用印有政府机关或者会社名称的纸张书写，这样的情况屡见不鲜。

我在此绝不是要批评什么公私不分等等。至于写信，人们如此众多地公私不分，一定是事出有因吧。我打算好好思考一下这个问题。我猜测，日本的普通家庭根本就没有养成一种常备写信专用信笺的习惯，是不是呢？也就是说，私人信件也要等到上班以后，写在会社的纸张上。在家庭里，根本就不买信笺之类。

如果再进一步发展下去，现代日本人会不会就不大喜欢写信了呢？前文说过，日本是一个邮政文化繁荣的国家。我家每天也会收到邮政人员投递的大量邮件。仔细看来，其中大部分是印刷品，一旦收到来信，反倒有一点期盼的心情。尤其令人不可思议的是，商务人员竟然不写信。怎么一回事嘛，我写信购物才弄明白。等待回信的时间漫长得令人震惊。而且也不写信，只是邮寄一些产品样本。大概业务员都厌烦写信吧。

那么，他们的业务怎么办理呢？基本上，都是依赖电话解决的。日本文化是一种极依赖电话的文化。从电话的人口普及率来看，虽然并不名列前茅，但是，据统计，如果从一部电话机通话次数来看，日本绝对是世界冠军。日本人确实是经常使用电话的。

人们交流沟通的手段与时俱进，当然无可厚非。电报之类早已进入了历史博物馆。据说，有的国家已经在酝酿废除电报制度。同样，难道信函在日本也要被遗弃并送进历史博物馆吗？与一次次交换书面文件的愚不可及相比，仅凭一部电话机就能办理业务，很明显效率高，更现代。不过，其中也有不少必须进行书面确认的情况，所以，并不是单凭一部电话机就能完全解决问题的。虽然电报可以由电话代替，但是电话未必能够代替信函。

重新确定形式

使用铅笔，在笔记本纸上写信，这样的信函是不修边幅，有失礼仪的。但是，如果只是礼仪方面的形式问题，此处就不是口诛笔伐的地方了。我之所以认为，形式的崩溃导致了重大的恶果，就在于由此造成了信息交换手段本身崩溃的危机。

日本人之所以不再写信，无疑与内容至上主义的观点有一定的关系。由于奉行内容本位制，彻底否定了形式，所以，大家就都写不成信了。从前，形式严格缜密，形式有点繁琐，难以记住。不过，一旦记住，人人都能表达自己想要表达的事情。甚至能写那种没有内容，通过寄信本身表达含义的信函。

然而，一旦形式缺失，人们就只能各负其责，写出声情并茂的佳作。而且，内容至上主义的观点在信函中就成为真情主义了。这样一来，我们要在信文中必须吐露真情实感了。可是，大凡在文章中能够吐露自己真情实感的人，除非颇具文才之辈，否则非常人所能及。而没有真情实感时又该如何？尽管如此，很多时候人们还是得写信。归根结底，这种排斥形式、崇尚真情流露的风气，最终形成了一部分才子能人垄断信函的局面。这样，一般人不写信也就在情理之中了。

才疏学浅的普通百姓，赖以信息交换的手段——信函的功能，如何才能重新争夺回来呢？这一点再明白不过了，除了重新确定形式，别无他途。不过，我们也不能再回到候文*时代吧。那就只能建立新时代的

---

* 候文是中世纪到近代所使用的一种日文文体。特征是在文末常使用表示尊敬的助动词“候”。候文是把现代日语中的“です”“ます”用“候（そうろう）”来表示的一种文体。——译者

新形式。我们要加大力度，开发新的形式，让平民百姓们只要依照形式，人人都能提笔书写出合格的信函。

尽管如此，这一问题依然无人问津，究竟是何道理？虽然我认为此乃一个国家文化范畴的重大问题。

开发新技巧

那么，让我们直接进入实用技巧的话题吧。我有一个提议，为了能够轻轻松松地书写信函，我们按照下列步骤做一下，好不好？

首先，我们做一个自己所用信函的雏形。第一，选择纸张。不能使用稿纸以及报告书专用纸张，一定要准备信函专用纸张。第二，书写格式。收件人姓名写在什么地方，落款署名怎么书写，还有落款日期，怎么写。令人不可思议的是，在日本似乎有一种习惯，落款日期只写月日，而不写年份。不过，我们现在却一定要写上年份。整体的文字布局也要妥善考虑，而后制作一个完完整整的信函样品，将其装入玻璃相框里面保存起来。这样，写起信来就会轻而易举了。

至于信函的内容却是颇有难度的。那么，我们就来参阅一些范文吧。《信函书写方法》等等入门书籍，高级人士似乎不屑一顾，但据说它是高居畅销书榜首，书店里供不应求的书籍。其实，非常实用，作用很大。

不过，这一类书籍说到底也还是真情实感主义的，书中满篇都是动人的名家煽情范文。我虽然并不是要否定真情实感的存在，但是，真情实感的表现则需要下一番功夫，加以定型化处理。在某种程度上来看，自己尝试一下即可。

信函的所写内容分起类来也并不是名目繁多。或者，同样的内容会多次重复使用。如果每一次都一一照抄那些吐露真情实感的范文，就会让人倒胃口，所以，要确定范文形式。我准备了一些参考范文卡片，也还是使用众所周知的京大型卡片。使用打字机打印，添加标题，按照事项分别整理。由于文章事先经过精雕细琢，所以，不会出现对收件人失礼、不恭的情况。

再进一步就是段落系统。将信文划分为若干个段落，分门别类制作范文卡片。在需要的时候就可以按照代码查找。譬如，信文开头的寒暄语句为，代码3；正文开头为，代码18；正文的中心内容为，代码32；正文的结尾为，代码57等等，按照段落对号入座，一篇完整的文章就写好了。如果信函书写技术的开发以及升华顺利进展，这种信函段落范文集，当然也会印刷发行出售，但在目前阶段，我们只能自己动手制作。

机打信函

对于信函书写的技术，我自己采用的是一种非常激进的方式。那就是使用前文介绍的平假名打字机打信。其实，正如前文所述，我是以“信函书写”为转折点，最终进展到平假名打字机阶段的。

打字机打出来的信函，所用纸张当然是打字机专用的打字纸，书写格式采用横行书写方式，也就是国际通用方式。即在信笺的左上角，书写收件人姓名；在信笺的右上角，书写年月日；而后书写信函正文；在信笺的右下方，签署自己的姓名。信函文章，就按照刚刚介绍过的，采用范文以及段落卡片。打好的信文十分整齐，我自诩美观大方。

一提到打字机，人人都会发问：打得快吗？打字机当然要比手写的速度快得多，但是，比速度更加重要的事项，还有很多很多。其一就是美观大方。另一点就是可以留下备份。

1969ねん 6がつ 25にち

たるみ みのる さま

はいけい，

おひっこし の おしらせ いただきました。
あたらしい おすまい が できて おめでとう ございます。
つうきん が ほんとう に らく に なった でしょう。
わたし も ながく おおさか づとめ を して いました
ので，よく わかります。

その うち に いちど おたずね したい と
おもって おります。

いずれ また。

うめさお ただお

准确无误，美观大方

正如前文所述，回顾我使用打字机打写信函的历程，应该说我的出发点并不是效率，而是审美享受。我认为，对于一封信而言，美观问题极其重要。如果像写草稿一样，又是划线，又是订正，这样的信函无论如何都没有勇气寄给别人。

对于这一点，有一件事情让我非常感动。灯心庵收藏的历史资料之中，有一封信是后阳成天皇写给清原秀贤的。天皇与清原秀贤通过信函交换联句作品。天皇顺着清原秀贤所作联句中的文字，照写下去，最终自己的联句中的文字无意之中就写错了。于是就在后面接着写道："かくのごとく、かきあやまりそうろうあいだ、とてものことに、いまひとつ、かきたもうべくそうろう。"

信中的意思是说，由于文字写错了，联句无法进行下去。所以，你再重新写一句，寄过来。如果放到现在，有个把字写错了，就在错字旁边更正一下，只管接着写就是。正如"綸言汗のごとし"所言，有道是"金口玉言，出令如汗"，或者说"一言既出，驷马难追"。也有人解释，因为天皇至尊，即便字写错了也不能更改。不过，毕竟事情不是这样，而是忌讳改动之后纸面脏污不堪。这是日本史学教授林屋辰三郎的意见。实际上，这封信的收藏者灯心庵主人就是林屋辰三郎教授本人。

我认为，信函本身非要这样不可。必须做到一字不错，而且没有涂改，完美无瑕。然而，实际上，当我们提起钢笔写信的时候，就知道这样做是非常困难的。一落笔就会写错字。使用打字机，差错就会少得多。即便写错了，甚至全篇重新改写，只要使用打字机，就不会多么难。如果手写，哪怕只是一张信笺，重新书写一遍就够烦人的。就这样，一台平假名打字机便让我的爱美之心得到了小小的满足。

信函备份

另外一点，信函备份十分重要。我认为，把信函备份保存起来，对于信函本身来说是必不可少的最起码条件。不过，在日本，除了会社或者政府机关公函之外，迄今为止，私人信函保存备份的问题，基本上还没有什么人认真加以考虑。这简直是一件匪夷所思的事情。以前寄出去的信函自己都不知道写了些什么内容，一旦出现这种尴尬情况，是不是太说不过去了？

在这一点上，只要使用打字机就根本不成问题。只要多加一张纸，中间夹一张复写纸，打好字以后，一封信完成，同时，备份也就留下了。将备份与来信一起，放进前文介绍过的文件柜里保存。这样一来，各种事项的相关往来文件资料，就能够完善保存了。在我的文件柜里，自从使用假名文字打字机时代以来的各式各样的往来文件资料，全部完好保存着。得益于此，我不知道方便了多少。

信函备份与卡片一样，都能让我们从记忆的重负下解放出来。我们可以将一切都忘在脑后。每当有事情需要处理的时候，就取出文件资料，所需记录全部都在里面。我们尽管放心大胆地忘记一切。这也就意味着，我们所能够处理事务的容量会一举扩大很多。

鉴于上述种种情况，我认为，平假名打字机最起码在打字写信函方面，实在是非常方便。它是一种完全可以大量采用的优秀方式。

如何整理通讯录

在我们探讨信函问题的时候，顺便谈谈收件人姓名的问题。

作为社会的一员，随着交际范围的不断扩大，整理亲朋好友通讯录的工作渐渐成为十分麻烦的事情。我自己也苦于找不到好的办法解决。自己心里想着，报社或者出版社的人肯定会有绝招妙计，便去求教。谁知他们反倒问计于我："很伤脑筋呀！有没有高招？"

通讯录的整理方法一般采用的简单方法是，在记事簿或者笔记本里记录姓名、地址。商店里也有通讯录出售。如果情况简单，这种通讯录也能凑合使用。

如果联系人的数量很多，这种笔记本方式马上就捉襟见肘了。我们千万不能忘记，通讯录是会不断增加的。或者说，通讯录本身是要不断更新的。既要接连不断地增加新的朋友，原有的朋友也会变更住址或者工作单位。采用笔记本方式，想要将这些变动情况，一一添加或者更新十分困难。如果硬性添加进去，关键时刻，就找不到所需联系人的姓名地址。不仅如此，如果采用笔记本方式，想要变更一下先后顺序也不可能。

为了解决这些不便，出现了一种插取式通讯录。事先在台纸上切出插口，将写有联系人姓名的卡纸四角插入插口。这样一来，不仅顺序变更随心所欲，而且，卡纸可以轻松取下订正。这种插取方式我也曾经采用了几年，不过，联系人数量多了之后，为了变更顺序而取插卡纸也十分繁琐。对随时需要更新的通讯录而言，这种插取方式毕竟还算不上一种最好的选择。

地址联系卡

最终结果只能采用卡片式了。也还是使用家喻户晓的京大型卡片，仍然坚持一个联系人一张卡片的原则。幸运的是，在日本有着互相交换名片的良好习惯。收到的名片直接就粘贴在卡片上。另外，每当收到乔迁通知或者门牌号码变更通知，就将所收明信片的必要部分剪切下来，从上面粘贴。采用这种方法，不仅省去了抄写的麻烦，而且，免除了笔误的担心。

卡片的空白处用来备注该人的有关情况。在卡片的左上角写上联系人姓名的注音假名，作为标题。而后，按照日语五十音图的顺序排列，存放在卡片盒内。采用这种方式，需要查找的联系人随手可取，补充、订正也都随心所欲，易如反掌。

大约十余年前开始，我就彻头彻尾地采用了这种方式。只要一开始做好基础卡片，而后每当收到通知的时候，做一下订正就行了。在每一年的元月份，依据收到的贺年片，集中进行一次总体更新工作。如今，这种卡片已经成为我的一笔财产。听说我拥有这些宝贝卡片以后，朋友们，甚至一些新闻界的人士，也来打听某某人的联系方式。

最近，我开始考虑这种通信联系卡片系统是不是能够更进一步。这也就是利用穿孔卡片的方法。将所收到的名片直接粘贴起来，在这一点上，虽然还是以前的老一套做法，但是，考虑到利用穿孔方式进行分类以及标引的可能性，这种方法也许可行。值得进行一番尝试。

这种事情在一个企业或者组织之中或许顺理成章，不过，我所谈的则是，我们每一个人从青年时代开始，就为自己建立一个这样的系统是十分重要的。我甚至认为，经常不断地整理自己社交圈的同学、朋友联系卡片，不就是现代人的一种基本素养吗？

9. 日记与记录

自我笔谈

每当岁暮，在书店的铺面里就会摆出来形形色色的日记本供人们挑选。印刷精美，装订考究，丝毫也不亚于豪华的精装书籍。笔记本内还添加了各式各样记事栏，真是煞费苦心，下了功夫。虽然我并不了解日记本在日本全国的销量究竟有多少，但是，如果论起日本写日记的人数，毫无疑问一定是数目惊人。

不过，即便有那么大的一支日记大军，其中究竟有多少人能够坚持到底，这可能还要划上一个很大的问号。恐怕还是半途而废，或者“三天打鱼，两天晒网”的人更多一些吧。我以为，在日本的成年人中，从来没有写过日记的，大概属于凤毛麟角，但是，一天不落，雷打不动坚持写日记的人，可能也为数不多吧。我自己也属于多数派人群中的一员，写日记的经历常常都有，但是，纯粹就是断断续续。不过，尽管我停笔不写日记的时日颇多，每一年的日记总还算保存了下来，所以，或许还应该归属于时常写日记的群体吧。

所谓日记，究竟是什么呢？等等，这些本质性的问题，我们后文再做探讨。现在，先来谈谈日记的书写方法。在这一方面，与上一章信函的书写方法一样，在学校里既没有教授，在一般场合也无人研究探讨。因此，书写日记的形式以及技巧丝毫没有进步。很多人，新年伊始，心血来潮，提起笔来，开始写日记；然而，过不了多长时间就偃旗息鼓了。其原因之一就在于技术开发踟蹰不前，而不能一味责怪这些人意志薄弱，缺乏毅力。

日记并不是要写给别人看的，而是要写给自己看的。写给自己看的日记难道说也要讲究技巧与形式吗？有的人做如是想。不过，我认为，这种想法存在两点错误。其一就是，如果离开了日记书写技巧以及形式的研究，而能够持之以恒地一直书写意味深长的日记，这个“自己”本身往往就平淡无奇。日记本身在千方百计地哄骗或者鼓励“自己”，坚持续写下去。其二就是，所谓“自己”本身，随着时间的推移，转眼之间，就会摇身变成“别人”。如果无视日记的书写技巧以及形式，就连自己也会很快就闹不清楚，究竟写了些什么。应该认识到，所谓日记就是一种与时间不同的“自己”这个“别人”进行的笔谈。正如前文所述，信函需要有自己的形式一样，日记也需要有它自己的形式。

心灵与个人经历的记录

不知什么缘故，人们广泛流传一种毫无根据的迷信，说什么日记里面，要写出自己内心深处的隐秘。我曾经多次亲身经历过别人“让自己阅读”他们日记的事情。这是一种钻牛角尖性的交流沟通方式，他们还说什么，自己的日记，拿给别人看，就能因此而得到别人对于自己思想以及苦恼的理解。我一看，那些日记毫无例外都是那种“内心世界的记录”。

我询问过一些青年人，他们所写的日记大部分都充斥着内心或者心灵的记录。而且他们还深信不疑：所谓日记，本身就是自己心灵的一种记录。

为什么会出现这样一种情况呢？其中一点，可能是人们有一种习惯，将日记理解为文学性问题了。而实际上，教科书以及出版物等等所介绍的日记，基本上也都是个人内心世界的展示以及心灵的成长记录。虽然日记文学也有自己的意义，我们不能否认日记文学本身的存在，但并非所有的日记都是文学作品。既有文学性的日记，又有科学性的日记，还有事务性的日记。如果不分青红皂白，将所有日记全都打上心灵记录的印记，简直是无稽之谈。所谓日记，一言以蔽之，就是按照日期顺序书写的个人经历记录，无论他的经历属于内在性的抑或外在性的，都不存在什么问题。这种要求人们非要在日记里写出自己的内心世界或者灵魂深处的理由，纯粹是子虚乌有。我认为，弄清这一点在书写日记方面十分重要。

写给自己的工作报告

什么是那种完全不涉及自己内心世界的日记呢？我们不妨联想一下，譬如，航海日志或者工作日志之类。完全不涉及自己内心世界的日记就是它们的个人版本。提交给自己的每日经历报告不妨视为日记。实际上，以这种心态所写的日记反而非常有用。由于开门见山、直截了当的记述，会占有大部分的篇幅，所以，难以登上文学作品以及教科书的大雅之堂。但是，我认为，对于个人而言，真正具有写日记意义的应该说正是这一部分内容，而不是内心世界的问题。应该尽量客观而又简明扼要地将每一天的亲身经历以及所见所闻记录下来。当然，我们也不必回避内心世界的个人经历。思想、感情自然都可以客观、扼要地加以记录。

日本似乎在远古时代就有写日记的习惯。诸如，平安时代的紫式部日记、更级日记，等等，女性文学家撰写的文学性日记声名远播，所以，一提起日记就会误解为文学性日记，大概来源于此吧。不过，在日本的日记传统之中，还有另外一个流派存在。那就是达官贵人们的日记。诸如，三条西实隆的日记、山科言国、山科言继的日记，等等，也都广为人知。不过，那些日记却都是他们自己所分管的宫廷事务、所见所闻以及个人经历的真实记录。另外，还有诸如御汤殿上日记等等日记。那是一种宫廷御厨的日记，是由天皇身边的历届宫娥才女们接力式联手写成的。由于这些日记是历史事实的具体记录，所以，史料价值极高。

虽然我们绝对不是准备为后人遗留史料而写日记的，但是，日记本身对于自己而言是一种重要的历史资料。日后，人们重温自己的日记，不仅是产生几分怀旧的伤感，而且，日记还有一个十分强大的功能：验证当时的事实情况。鉴于这种情况，我认为，日本宫廷贵族书写工作日记的传统才真是我们应该继承发扬的。日记就是为自己一个人所写的工作报告。

散页日记

在山科言继的时代（公元 16 世纪），日记本之类，市场上肯定是没有人出售的。山科言继的日记实物，大部分是将来信以及写有和歌的纸张翻过来，写在背面的。而且，由于那种“纸背文书”又是史料价值极高的文献，所以，实在耐人寻味。

纵使当今时代，也不是说日记非要写在日记本里不可。现在，市场上出售的日记本，大部分都限定于一天一页的框框之内，实际上很难使用。考虑到这一问题，市场推出了一种不印日期的所谓自由式日记本。既然如此，索性就用稿纸订起来也没有关系。其实就连装订也不必要。写在一页一页的零散纸张之上即可。如果确有必要，日后再装订起来好了。

我在很早以前就开始使用活页夹了。使用会计账簿一样的硬质活页夹，将纸张夹在里面。写完一年的日记再加上一个封面装订起来。采用这种方式具有以下几个优点。第一，由于没有条条框框的限制，所以，在需要记录的内容很多的日子，就可以多使用几页纸。第二，即使某一天忘记写日记了，由于并不需要预留空白纸页，所以，也不必作难。如果使用普通的日记本，空出来几页白纸，就会心情沮丧气馁，继续写下去的勇气也会消失不见。第三，日后需要补充内容或者添加资料，都自由方便。

日记反思

人们只要始终坚持日记就是为自己一个人所写的工作报告这一观点，就会想方设法提升自己的水平。将自己每一天的生活中一些必须记录下来的内容，分门别类事先确定下来，或者确定好书写的格式，夹进活页夹里。根据实际情况，将书写格式直接印刷在日记纸张上，只要在里面填写适当的内容，那一天的日记就算大功告成了。这样的方法也是行得通的。虽然看似政府机关的申报单，让人有一点不快，但是，日记丝毫没有必要搞成文学性的。

市场出售的日记本横行书写得很少，那是什么缘故呢？时至今日，在普通的文件资料之中，横行书写已经如此普及，唯独日记却要坚持竖行书写，岂非咄咄怪事。难道竟然是出自日记毕竟属于一种文学的观点吗？诚然，横行书写的文学作品的确难以见到。

在厚重庄严的日记本里，一丝不苟地遣词造句，这种传统性方式虽然有一点让人不忍抛弃的意味，但是，完全另类的观点不也比比皆是吗？以我自己为例，当然是采用横行书写，既有使用钢笔书写的，也有很多是打字机打的。当然，照例是使用平假名打字机打的。

为了轻松自如地写好日记，我对于书写技巧举例介绍二三。首先，记述最起码要分为两段。开头简单扼要书写应该记述的内容、事件、经历。然后，如果时间允许，就对其详细记述。如果没有太多时间，那么，只写简略情况也有很大作用。

接下来，记述分段落进行，并且要加上“标题”。虽然有点麻烦，但是，加上标题使得日后的检索十分轻松。

日记与记录

书写日记也是智识生产的内容之一，虽然人们对于这种观点还有一些怀疑，但是，我们只要将日记说成“记录”，就不存在什么问题了。下面，我们就来谈谈记录的问题。

那么，日记与记录，究竟有什么不同呢？一般而言，日记带有一定的私密性以及主观性；而记录则带有一定的公开性以及客观性。总体来说，日记与记录似乎感到存在着这样一些差异。不过，从前文已经表述的日记观点来看，二者并不存在本质的区别。仅仅是，所谓日记，也就是人们自己亲身经历的记录，按照日期的顺序被记载下来而已。

极为重视记录之事的还应该是科学工作者吧。前几天，我在电视节目中观看了一部电影，片名叫作

《地心大探险》。不言而喻，它是依据妇孺皆知的法国作家儒勒·凡尔纳的名著《地心旅行》改编而成的。我虽然没有读过这部原著，但是，电影的情节却倒是引人入胜。

故事讲述的是一位科学工作者率领一支科学探险队，发现了一个进入地心的入口，他们进入了地心世界。而后经历了多种惊心动魄的冒险，最终，有惊无险地回到了地面。那位科学工作者所在的学校，为了迎接平安返回的科学工作者一行，特地举行了一个盛大的欢迎大会。那位科学工作者在欢迎大会上即席发言，讲了这样一番话："如果说，大家是对我们平安归来表示祝贺，那么，我们是非常高兴的。但是，如果大家是为祝贺科学探险队探险成功而举行这个欢迎大会的话，那么，我将万分遗憾地告诉大家，我们没有这个资格接受大家的盛情。为什么呢？因为我在路途中，将那些对于科学探险绝对必不可少的'记录'全都弄丢了。"实际上，那位科学工作者在地心探险中所观察到的全部事项，在每一次观察到的时候，都当即大声口述内容，由他的助手在灯光下记录在笔记本里了。而当科学探险队一行人在地下湖遭遇险情的时候，却不慎将那本笔记本给弄丢了。

无论多么重要的经历，如果没有留下"记录"，那么，它就一文不值。最起码，在科学上是毫无价值的。影片旗帜鲜明地提出了这样一种思想观点，真是意味深长。当然，其中不无对于记录至上主义科学工作者们的冷嘲热讽，不过，实际上，在科学程序的进行之中，可以看出，他们对于“记录”那种颇有几分滑稽可笑的尊重，却也是一个事实。

不过，后来，我拿来凡尔纳的原著小说一对照，那个欢迎大会的情节纯属子虚乌有。因此，对于记录至上主义者的冷嘲热讽，也只是电影制片商的借题发挥罢了。

记忆与记录

此时此刻，被人们称为“记录”的东西，不言而喻，就是指当场所做的记录。至于观察与记录的时间间隔，当然是越短越好。理所当然，人们在实验室里取得的实验数据，如果不在实验室里当场做出记录，却在事后宣称 :“确实是这些数据”云云，那么，就纯属信口雌黄，根本无足凭信。在野外科学考察工作之中也是同样的道理，只要条件允许，就要力求当场做出记录。在亲身经历的事务之中，虽然有一部分内容事后可以回忆起来，但是，人们的记忆很快就会变得模糊不清的情况，则数不胜数。

按照这种情况，书写的记录其实不必加工，就是一篇日记了。由于是当场写下来的，所以，它就是一篇最真实的日记。实际上，诸如研究日记、调查日记，等等，就是这样写出来的，其本身就是一份研究记录，一份调查记录。日记与记录并不是毫不相干的两回事。

所谓记忆完全是一种不足凭信的东西。不论记忆力多么超群的人，随着时间的推移，他的记忆也会很快地褪色、变形、分解、消失。立足于记忆之上，进行精确严密的智识生产，几乎没有可能。记录这种工作，就是旨在弥补人们这种记忆缺陷而采取的一项预防性措施。

万事万物都不能依赖记忆，而应该做出记录。我们要放弃记忆的努力，尽可能认真仔细地做好记录。这一点，不仅仅是对科学工作者，也是对所有参与智识生产的人最基本的要求。

记录的素养

在人类社会中有一种人被称为记录狂。在他们的衣服口袋里，总是装着记事簿，而且，无论看到什么都会立即写在记事簿上。在本书的开头，我们所介绍的莱奥纳多·达·芬奇等人或许应该属于这类记录狂吧。

即使那些被视为记录狂的人，其实，也并不是真的不分青红皂白，看到什么就一股脑儿都记下来。彼时彼处，他们睁大自己那双慧眼，将记录对象区分得一清二楚。应该记录什么，应该放过什么，由于这种选择、取舍的不同，其记录的利用价值就会大相径庭。

要想精确筛选自己的亲身经历，确实留下有效的记录，就需要在平时经常进行自我训练。即使达不到人们称之为记录狂的水平，只要平时进行一定程度的自我训练，养成随时记录的良好习惯，就能够不断进步，有所作为。只要养成习惯，就不会感到多么困难了。

我自己虽然算不上记录狂，但是，当场记录所见所闻已经习以为常了。这一点，也还是得益于少年时代的一段时间内所接受的这种训练。我在上中学的时候经常登山。在登山爱好者们之中，似乎自古就有一种“做记录”的习惯。行程、所需时间以及所见所闻等等，都要仔仔细细地记在随身携带的记事簿中。每当放下登山背囊、小憩片刻之时，他们就会抓紧这短暂时间，做记录。在疲惫不堪的时候，这样做是一件很辛苦的事。我在中学登山部的经历练就了这种“素养”。

田野笔记的日常化

多少年过去，我开始从事科学探险与调查工作以后，当年的训练发挥了很大的作用。与前文所述地心探险的科学工作者们一样，记笔记是野外科学工作者头等重要的技能之一。田野科学工作者随身携带的田野笔记（field note），前文已经做过介绍。通常就是大小可以放进衣服口袋，封面是硬质的记事簿，按日记载行动过程、观察结果、思考的问题等等。它与科学研究的记录都是那位科学工作者的日记。东京大学教授泉靖一出版了同名的《田野笔记》（新潮社出版发行）。泉靖一是一位文化人类学者，他从青年时代开始就随身携带田野笔记，一直坚持不懈地记录所见所闻。

我所谈论的记录问题，其实，纯粹就是将这种田野笔记的日常化，也可以称为田野研究日常化。日常生活本身实际上也可以视为一种田野科学研究的现场。就像在田野工作中逐一记录行动、事件、体验一样，只要将每一天的行动、事件以及体验一一记录在田野笔记里就行了。要想让自己的经历实实在在地保存下来，这不正是最好的办法吗？

卡片日记

正如前文所述，我在日常生活中所有事物的记录，全都采用卡片方式。工作过程、构思方案、读书记录、会议纪要，全部采用这种卡片。

既然如此，我们就让思绪再飞扬一下吧。为什么日记就不能采用卡片方式呢？日记写在卡片上，不亦乐乎！

各种各样的事项，自己的所思所想等等，每一天全天活动的具体内容，特别是智识生产活动的内容，分门别类地书写在各自的卡片上。再加上写日记本身的意义，前文已经说得明明白白了，也就是将自己的经历，按照时间坐标排列起来，编制一个索引罢了。既然如此，日记实际上就可以按照索引卡片的要求来制作了。用作日记大概这种卡片方式比活页本更容易制作，更容易利用。

将日记写在卡片上。我认为，虽然卡片日记与传统型日记的形式相去甚远，但是，作为现代型日记的一个样板，是不是值得我们大胆一试呢？其实，我以身试法已经付诸实施了。现在，我已经淘汰了活页本方式，每天都在卡片上写日记。

卡片，还是采用通常的京大型卡片，上端填写年月日。将一天的情况归纳在一张卡片之内。一部分情况如需详细记述，就另用一张卡片，重新开列事项填写。总而言之，日记一天一张。从上述角度看，应该是按照经历的时间顺序编制索引卡片的吧。

这样一来，日记本身就可以作为一种资料卡片，与别的卡片同列排放，或者混合排放并加以利用了。如有必要，可以按照日期顺序整理，立刻恢复传统日记原貌。

另外，前文已经谈过，卡片，不论什么卡片，只要填写了内容，就一定要写上日期。

个人档案馆

我们之所以要扎扎实实地保存自己亲身经历的记录，正是因为我们坚信资料积累所具有的神奇效果。虽然并不是不加取舍地将所有见闻统统作为研究的资料，不过，当我们驰骋在漫漫人生征途的时候，一切经历都将是自己不断取得进步的有用材料。特别是，对于我们这样从事智识生产职业的人而言，这几乎就是不言自明的道理。

请恕我旧话重提，在我们现代日本社会已经形成的制度化的教育体系下，人们十分热衷于将已经取得的成果流传后人，而对于旨在开发、发展取得这些成果的技术，却似乎不大关心，缺乏兴趣。要想开发、发展技术，记录并且分析取得这些技术过程，远比那些成果本身更为重要。然而，在这一方面，却是差得令人难以置信。

日本人似乎还没有养成一种保存自己所做工作记录的良好习惯。我们只要稍加调查，马上就会明白，日本人不论从事什么工作，所做的事情留下来的记录，少得可怜，十分匮乏。在全世界芸芸众生之中，有各种文化纷繁呈现，其中有的国家几乎没有做过什么实质性的工作，却能够将报告书以及其他文件资料大本大本地滥加印刷发行，充斥市场而闻名于世。日本人轻视记录，奉行成果至上主义，实质上倒也是精神可嘉的。不过，对于社会积淀却毫无裨益，乃是一大缺点。那些成果究竟是怎么样研究开发，怎么样一次次尝试修正才取得的，这些如果不记录在案，又怎么能够留给后人呢？

在欧洲各个国家，档案馆建设自古就兴旺发达，各种各样的记录都完好无缺地保存了下来。而在日本却由于这种旨在保存历史记录的公共设施发展滞后，并没有留下多少有用的历史记录。但是事实真相则是，压根儿就没有做过可以列为保存对象的历史记录。我们并没有做到总结以前的经验，站在更高的基点上创造新的经验。

从人类进步与发展的角度思考问题，我们以前的做法明显是事倍功半，效率低下。大量积累记录卡片以及日记，也就等于为自己建造了一个档案馆。我所说的是，凡是有志于参与智识生产的人，都应该做好思想准备，从青年时期就开始建设一个个人使用的档案馆。

关于正规档案馆或资料馆等社会性记录存储设施以及效果，我日后会有机会阐述，故本书暂且割爱。

10. 稿件

为人作嫁

终于轮到了必须冥思苦想的有关智识生产各项技术之中最棘手的部分。这是关于文章撰写技术的中心话题。关于信函以及日记，前文已经做过介绍。本章所要阐述的并不是那些写给特定个人，或者自己的私密性文章，而是在原则上以公开发表、提供大众阅读为前提条件的一种社会性的文章。

处在现代社会，非要撰写文章不可的机遇会一次次地呈现在我们任何一个人的眼前。从各种各样的工作开始之初，到事情完了结束，对于工作计划、工作过程、工作结果总会有一些报告书，等待我们去撰写。凡是参加工作的人，都毫无例外地负有一种社会责任，那就是，就你自己所从事的工作提供应有的信息。

而要撰写这样的文章，我们又需要注意一些什么样的事项呢？这个问题如果详细展开，那可就没完没了了。不过，我只打算介绍一些自己切身体会到的经验。

无论是对大众公开发表，还是仅供特定个人阅读，总而言之，当人们已经做好了思想准备，将来可能交付印刷或以其他方式进行复制，为此所写的文章就称为稿件。在我们探讨文章的写作以前，本章首先介绍一下稿件写作方面的问题，探讨一下稿件的写作方法。

缺乏训练

某一所大学里征集了一批学生创作的文艺作品。我的一位朋友应邀担任评审委员。据说，这位朋友在看了众多应征作品之后，真的是吓出了一身冷汗。他说，那些应征作品的文学水平实在不敢恭维。很多应征稿件在距离文学门槛儿还很远的地方，就已经遭到淘汰了。那些大学生甚至连稿件撰写的基本规则都不了解。这究竟是怎么一回事呢？

我自己也曾多次有过类似的经历，应邀批阅、加工润色年轻朋友的论文稿。他们的论文稿写得一塌糊涂，简直令人难以置信，而且，这种情况比比皆是。譬如，在需要另起一行的时候，竟然连缩进一个字符再开始写这个规则也不知道。

实际上，这些情况也不仅仅出现在年轻学生们的身上，就连教师队伍之中，也是屡见不鲜。或许这种事情不应该不加掩饰地抖搂在公众面前。由于我曾经参与一些学术杂志以及论文集等等的编辑工作，所以，多多少少也了解一些这方面的情况。有的学者虽然成果卓著，但是，所投寄的稿件实在让人啼笑皆非。同样也是连一些撰文的基本规则都稀里糊涂。虽然懂得另起一行的做法，但是，标点符号的使用方法、插画以及插图的方法、注释、引用文献的使用方法等等，基本上都是一塌糊涂。真是让编辑们哭笑不得。

说得直白一点吧，学生也好，老师也好，在这方面都训练不足。说得更准确一点是训练缺失。恐怕是没有接受过一次训练，摊开稿纸就动笔写作了。学校里既没有讲过“稿件的写作方法”，又没有进行过实际练习。我自己也不记得，自己曾经向什么人学习过写作方法。无非是边干边学，比着葫芦画瓢呗。我自己在初开始写作时候，肯定也是胡乱涂鸦，真是让编辑们为难不小。

虽然我并不认为，稿件的写作方法之类是一种值得大谈特谈的高深技术，但是，如果丝毫没有经过培训，显而易见，是不会拿出一篇像样稿件来的。我认为，应该在不少的大学里，将其列为各个院系的公共必修科目，提供练习稿件写作的机会。

印刷工程设计图

既然说是以前没有机会接受培训，那么，哪怕阅读一些讲述稿件写作方法的书籍，自己训练一下也好……这一点，一般情况倒也未尝不可。不过让人匪夷所思的是，根本就没有讲述稿件写作方法的书籍。我很用心地翻找身边那些书籍，没有一本是讲“稿件的写作方法”或者“撰稿技巧”的。

如果是讲述“文章写作方法”的书籍，那么，倒也真的是随处可见。专门讲述文章写作方法的单行本也有很多，范文佳作更是唾手可得。但是，我们在此要探讨的问题并不是文章的写作。无论多么出色的文章，初开始都是要打底稿的。如何将其写在稿纸上，如何美观大方地印刷出来，谁也不肯告诉我们方法和技术。市面上有许多装帧精美的“照片的冲洗翻拍方法”之类的书籍，却没有“稿件的写作方法”的书籍，这究竟是怎么回事呢？

稿件究竟是什么呢？不言而喻，所谓稿件就是一种为变成印刷品而撰写的文章。换句话说，它也就是一种为印刷这一工程施工的设计图纸。根据设计图纸进行实际施工的并不是撰写稿件的作者本人，而是别人——印刷厂的工人师傅们。如果你的设计图纸自搞一套，那么，别人根本不明白是怎么回事，那样，印刷工程就不可能顺利进行下去。

鉴于这种情况，要想撰写稿件，就要预先了解一些印刷乃至装订方面的大致情况。试想，一个人如果对建筑行业一无所知，就不会画出合格的设计图来。实际上，在撰稿人与印刷厂之间往往还有编辑这一专业技术人员参与其事，所以，即使纯属外行的撰稿人也能够勉强应付过去。但是，如果撰稿人能对印刷成书以前的每一道工序都有一定的了解，那么，对编辑们以及印刷厂无疑会有很大的帮助。

出版印刷的责任

接下来，我们来讨论出版印刷行业。出版行业以及印刷行业，无论如何都应该针对稿件的写作方法，更加积极地开展一些普及教育活动。收到一团乱麻的稿件而不胜烦恼的也是他们。如果撰稿人的稿件写得规范标准，那么，笑逐颜开的也还是他们。他们为什么不想方设法把从起草稿件到印刷成书的大致情况，告诉更多的人呢？由于撰稿人并不知道怎样写作才能成为好的稿件，就算撰稿人想要了解这些情况，他们也没有书籍可读。

至于提供编辑以及出版界人士阅读的书籍，似乎倒是有一些很好的书。譬如，美作太郎和西泽秀雄合著的《撰稿·编辑·校对》（岩崎书店刊）等等，就是此类。二位作者都是出版界的资深专业人士，该书虽然也是提供给编辑阅读的入门书籍，不过，对于撰稿人来说，也是大有帮助的。但是，这种书籍毕竟是面向专业人员的，所以更需要编写一种面向普通读者讲解标准稿件写作方法的小册子。这种小册子可以在出版社约稿的时候，赠送给撰稿人，或者列为全国各地书店里的常备书籍，免费赠送给需要的人，或者分发给大学的在校学生，实在是大有用武之地。

在出版业兴旺发达方面，日本在全世界各个国家之中也是名列前茅的。在这样的国度，在这样的基础建设方面，为什么却会出现如此纰漏呢？

所谓稿件，直到最近还是一项只属于极少数精英才能写作的专利技术。在年长的人群之中，有的人看到年纪轻轻的人撰写的文章刊印、出版以后，心里就很不是滋味。他们会不会在想，你们年纪轻轻的就著书立说，不知天高地厚。他们似乎认为，写点文章印刷出版等等，是一件非常了不起的大事。

然而，现在情况不同了。自己撰写的文章印刷成书的机会，多不胜数。反过来讲，知道自己撰写的文章会印刷发行而为此撰文的人数大大增加了。在撰稿只限于极少数高级知识分子的时代，“稿件的撰写方法”采用口头传授也就足够了。也不需要特别的普及教材。但时至今日，撰写稿件的人数急剧增加，已经与从前相差悬殊了，再要依赖口头传授显然已经不够，满足不了巨大的社会需求。尽管如此，相关部门与人士依然没有清醒的认识。

确定规则

实际上，还有一件事情让人放心不下。虽然说稿件撰写方法规则的普及教育力度还不够大，但是，首先必须弄清这种规则，是否果真已经确定了。

在前文提到另起一行的问题时，我们说过要缩进一个字符，重新开始书写。这已经是约定俗成的换行规则。另外，标点符号写在一个方格之中也已确定。但是，当文章恰好在行末最后一格结束，必须打上句号（。）的时候，应该怎么办？是超出格子打呢，还是在下一行开头打句号呢？实际上，似乎就存在着两种流派。

其中，有人将标点符号打在方格之外（印刷用语：后缀），就在下一行的开头空出一格。这样一来，就与另起一行的时候缩进一个字符的情况无法区别了。这一点，在规则之中是怎么规定的呢？

针对这个问题，我向出版社几位编辑请教。但令人惊讶的是，说法竟然形形色色。也就是说规则还没有确定。最后一种情况，至于是在句号后面空开一格好呢，还是另起一行缩进一个字符好呢，在形式上并不存在差别。人们遇到这种情况，是怎么处理的呢？编辑们就从上下文的脉络判断，决定二者的取舍。一般而言，人们喜欢将句号“后缀”在行尾，下一行并不空开一格，直接就继续打下去了。

除此之外，还有很多方面尚未确定操作规则。在这种情况下，也就不是编印小册子，进行普及教育的合适时机，而是普及教育之前的制度建设问题。虽然按理说日本的出版文化事业繁荣昌盛，但在一些基础性建设方面，却似乎千疮百孔，问题山积。造成如此局面，究竟是谁的责任呢？虽然一时还难以界定，但是，追究责任还是先放一放再说，目前，改善现状才是当务之急。在这一点上，我们还是要期待出版行业以及印刷行业的人士们做出榜样，走在前面。庞大的撰稿人队伍正在犹豫迷茫，不知应该如何是好。希望有人指点迷津，为他们找到一种制胜方法。

使用稿纸

在这一节之中，我们并不打算就稿件写作方法的技术问题进行详细阐述。因为目前尚未确定规则的问题为数不少。所以，我只想探讨一些最基本的问题。

稿件，一定要写在稿纸上。这一点是撰写稿件一项最基本的规则。

或许有人会发笑：怎么会提出这么小儿科的问题来？但在实际上，它还真的不是一个小儿科的问题。不妨让我们来做一下测试吧，假设现在要让同学们提交一份报告书。那么，在你们提交的报告书中，就会混杂相当多并非稿纸写成的报告书。数量特别多的就是写在所谓报告书专用纸张上的。使用报告书专用纸张书写的习惯，在从事自然科学工作以及技术工作的人们中，已经十分普遍。

既然是报告书，就应该写在报告书专用纸张上，有什么好大惊小怪的。同学们或许会这样认为。如果只是写给自己一个人的日记或者笔记，那还可以另当别论。但是，如果是写给别人看的文章，就不能写在那种纸张上。即使文章的撰写人毫不在乎，被迫阅读的人却难以忍受。文章十分难读，甚至连文章的分量都无法估计。

前文讲过，稿件是要写给别人甚至是社会公众看的。反过来讲，也可以这样认为，凡是写给别人看的文章就都是稿件。凡是写给别人看的文章，不论其是否公开发表，执笔撰写的人脑子里始终都要绷着一根弦：它潜在地包含着印刷出版的可能性。我们应该养成一种良好的习惯，除了信函以外，凡是写给别人看的文章都要书写在稿纸上。

我根本不明白，那种称为报告书专用纸张的横行书写大号纸张，究竟有哪些优点。既然是报告书，就是用于向某某人报告某某事情的，但是，接收报告书的人却紧闭尊口，不必说话。之所以使用那种纸张，恐怕是一种认为稿纸是竖行书写，有一点文学作品色彩之嫌的观念在作怪，相反，也就派生出一种通常的观念：似乎报告书专用纸张是横行书写，就是专供书写自然科学文章以及技术性事项的。这种观念实在是荒谬绝伦。稿纸无论横行书写还是竖行书写，都照用不误。不论文学作品还是科学论文，凡是写给别人看的文章，都要书写在稿纸上。

关于稿纸

或许，人们通常以为，稿纸就应该是竖行书写的，这种观念十分强烈，所以，市场上销售的稿纸，用于横行书写的优质品种似乎为数很少。原因之一会不会来自一种稿纸就是400字一页的固定观念呢？通常，稿纸容量为每一页400字，每一行20字，每一页共有20行，这种形式，如果采用横行书写，竖行方向就会显得很长，使用起来很不方便。因此，市场出售的大部分都是竖行书写用的，中间还留有一条装订使用的空间，很难使用。

那种 400 字一页的稿纸，往往可以见到正中间有一条柱状空间，那是做什么用呢？为什么会有那种东西呢？我偶然看到从前人们使用的那种格纸，这才恍然大悟。从前的格纸正中间就有一条与其一模一样的柱形空间，格纸在那里一折为二。那么，它的起源又是什么呢？江户时代的很多木版书，纸页的正中间同样都有一条柱形空间，纸页在那里对折，右端装订起来成为一本书。十分久远的历史传统还一直保存在今天人们所使用的稿纸之上。

稿纸毫无疑问应该使用每页 200 字的规格。无论用于横行书写还是竖行书写，都很方便，一旦写错也容易处理。不过，不知什么缘故，人们大都有一种倾向，喜爱使用每页 400 字的稿纸。我看过很多初次撰稿的年轻朋友的稿件，令人惊讶的是，几乎都是写在每页 400 字的稿纸上。小说家们大部分都是使用每页 400 字的稿纸，或许就是受到了他们的影响。在这方面也反映出稿纸与文艺在观念上的强烈关联。

我们一般人在书写一般性文章的时候，还是使用每页 200 字的稿纸为好。现在，无论哪家出版社，送到撰稿人家里的稿纸，基本上都是每页 200 字。

我自己所使用的稿纸，实际上是另行加工的。无论是市场销售的还是出版社赠送的稿纸，大部分都是由于所使用的纸张过于高档，不好使用。纸张表面过于光滑，不吸墨水。而且，普遍又都太白了。稿纸应该稍微发黄或者是淡青色的，不容易造成眼睛疲劳。虽然喜好因人而异，但是，在日本文具方面，这一点还是颇为值得研究，大有文章可做的。

从撰稿到印刷

我之所以要对稿纸形式这种在某种意义上似乎属于细枝末节的问题喋喋不休，乃是因为我坚信，这个问题会在我们始料不及的地方，制约我们的文章以及思路，进而甚至制约智识生产的活动内容。

当今世界还在使用这种形式稿纸的国家，除了日本，还有谁呢？我不了解我们的近邻中国使用什么样的稿纸。但是，不要说使用罗马字母的西方国家，就是在印度、阿拉伯各国以及东南亚各国等等，也见不到这样的稿纸。其实，日本的稿纸显然与日本现在的活版印刷方式有着深刻的关系。活版印刷，采用一种将剖面呈正方形的方柱形活字，密密麻麻排列起来的方法，进行排版。它与撰稿人一个字一个字密密麻麻写满稿纸方格，完成一篇稿件的方法，遥相呼应，如出一辙。这种排版方法不允许别的撰稿方法靠近分毫。

众所周知，这种排版方法是由拣字与排字这两道工序共同完成的。也就是，首先由拣字工对照文稿，从众多活字之中挑拣出所需要的活字。接下来，由排字工按照文稿指定形式，排列拼合起来。何其原始落后，多么效率低下，现代日本文化竟然依赖这种上一时代的体力劳动所维系，简直令人难以置信。论起生产成本，这两道工序在整个印刷工序之中也是最高的。

在海外各个国家，从前基本上也是采用几乎和这种方式一模一样的方法排版。日本自从明治初期开始，一直采用这种方法，丝毫没有进步。然而别的国家早已发明了单式自动铸排机、行型活字铸造机等等，迅速实现了机械排版。而在日本，虽然也有了单式自动铸排机，但是，距离真正取代传统式手工排版的时代还遥远得很。其原因在于，无论如何，比起只凭拉丁字母就能包打天下的国家来，由于日本必须处理数量庞大的汉字，所以，仅仅依靠活字数量有限的单式自动铸排机，还无法完全实现排版机械化。故而，依然采用近百年以前的方法，依赖手工排版。而且，与之相依相伴，苦苦地在稿纸上填格子的撰稿方法，也是效率低得吓人，还在重复上一时代的劳动方式。明明知道这些情况，却安之若素，不思改变，传承至今。

分隔与文稿

然而，在这百年之间，日语本身则发生了非常巨大变化。明治时代初期的日文文章，从某种意义上看，完全是一种汉文文章，汉字多得出奇。即使在进行过言文合一的整合以后，其实，也仅仅是动词的词尾变得国语化罢了，并没有完全脱出汉文文章的脉络格局。标记方法变成了汉字夹杂假名的文体。也就是以汉字作为主体，文章之中夹杂一些假名的形式。

后来，在日文文章中出现了一种显著倾向，就是假名书写的部分增加了。特别是在第二次世界大战结束以后，经过一系列的国语改革，这种倾向变得越来越强势了。时至今日，日文文章与其说是汉字夹杂假名的文体，倒不如说是假名夹杂汉字的文体，更加准确，更加名副其实。

大家或许已经有所察觉，在本书的一篇篇文章中，使用假名书写的部分所占的分量很重，就是在当今时代的假名夹杂汉字的文体之中，也属于佼佼者之列。说实话，尽管已经如此，我还是有所保留的。按照自己的本意，真的很想使用更多的假名来书写一通，满篇假名，一贯到底呐。我认为，事实上，通篇假名，也是可以做到的。即使还达不到全部使用假名书写的水平，只要能够达到大部分使用假名书写，其中夹杂使用一些汉字的程度，撰写出日文文章，那么，不要说单式自动铸排机可以使用，就连行型活字铸造机也不在话下。一旦如此，就将为日本印刷文化带来一场革命性的巨大变化。

然而，正如前文所述，一旦假名书写的部分长长地续写下去，由于弄不清楚要在什么地方断句，所以，文章就会变得生涩难懂。为了保证撰写的文章容易阅读，无论如何都必须在词与词之间拉开距离，留出空间。也就是，要采用所谓的“分隔书写”。

印刷技术变革

一旦采用“分隔书写”，可就要天下大乱了。因为自从明治时代以来的活字排版印刷，以及与之亦步亦趋、紧密配合的字数主义方格稿纸这一整个体系，就会连根动摇。在分隔书写的词语之间，如果按照分隔从普通 活字 的 同样 大小 留出 空间，显然 空间 太大。因此，至少 必须 将 空间 缩小 到 普通 活字 的 一半 才行。于是，词语就与全部采用同样分隔排列的稿纸发生了矛盾，无法紧密配合下去，文章的字数统计，页数计算，都将变得困难重重。恐怕印刷行业、出版行业都会揭竿而起，组成一个联合反对阵线，与我们这种冒险举动对抗到底。而且，最终结果必将是我这样英勇不屈的撰稿人的雄心壮志，遭到无情毁灭，而日本的印刷文化仍将固守在自明治时代初期屹立至今、永远不败的这条防线上。

抛开印刷的问题暂且不谈。我们这些撰稿人又是如何动作呢？我自己，一直在那容量为每页 200 字的稿纸方格里，一个字一个字地填空，撰写稿件。由于手指的动作远远落后于大脑的思维速度，所以，工作的进展总是不尽如人意。我每每寻思，如果使用打字机来打，那该多么酣畅淋漓。与欧美人士相比，我们所撰写的文章至少在数量方面非常逊色，甘拜下风。很显然，我们的失败就由于这种撰稿方式的原始性、落后性。

正如前文所述，我的所有信函全部使用“平假名打字机”打成。同样，如果稿件也能使用平假名打字机代劳，那该是何等令人欣喜。想写就写，随心所欲，轻而易举。一旦实现了这一梦想，这种方格稿纸之类就统统见鬼去吧。

我所进行的这番尝试，在目前的现实情况之下，或许有点抢跑之嫌，太过冒进了。而这种尝试事实上也是困难重重。但是，我认定，归根结底，日文稿件的撰写方法以及印刷方法，除了朝着这一方向发展之外，没有其他道路可走。

我本来应该围绕着稿件撰写方法的规则展开话题

的。结果，竟然滑到了妄图摧毁日本现行规则体系基础之途。我以为，既然为着智识生产技术的不懈开发，这种举动也应当属于势在必行，迫不及待吧。

谢绝誊写

在探讨稿件写作的话题最后，我们再来补充说明两点。一个是誊写的问题，一个是备份的问题。

在一般的情况下需要誊写吗？不少人有一个习惯，撰写稿件一定要先起一个草稿，起好草稿之后，再重新誊写一遍。还有的人会两遍、三遍地起草稿。诚然，文章经过一次次修改会更加完美，而且，再经过誊写，阅读起来就会轻松很多。

关于这个问题，我想起了自己在青年时期曾经请教过探险评论家，加纳一郎先生讲过的一番话。加纳一郎先生现在退隐于北海道的首府札幌，悠然自得地安度晚年。他年轻的时候是一名新闻记者，又是一名登山爱好者，工作十分积极，曾经为很多力求上进的青年人做过指导。就是这位加纳一郎先生告诫自己："撰写稿件，千万不要誊写。"他的理由令人吃惊，经过誊写的稿件，送到印刷厂之后，无论如何，排版出错的情况都会增加。当时，我心里很不以为然。据加纳一郎先生解释，据说，经过人们誊写的稿件反而会让印刷工人麻痹大意。一位长期从事报纸校对工作之人的经验之谈，恐怕应该洗耳恭听吧。

关于誊写问题，我记得还有一点，就是："假如你的草稿多达1000页，你还有决心誊写吗？"言之有理，如果每一次都必须誊写，那么，恐怕真的难以有大作问世了。所以，我后来就坚持了概不誊写的既定方针，至今依然雷打不动。即使并不誊写，也把稿件写得工工整整，让印刷工人一目了然，只要经过练习，就一定能够做到。即使有多处修改以及补充，只要按照常规的方式写得清清楚楚，就能够与印刷厂之间充分沟通，达成共识。

务必备份

还有一点，一个非常重要的问题，就是留取备份。

记得我一次在与一位美国新闻记者交谈，他听说日本的稿件都是手写而成的，大惊失色。而后他问："留有备份吗？"我回答："一般不留。"他一听此言，立即反问："如果中途丢失，怎么办？"真是一针见血，切中要害。我解释："日本的邮政可以放心。稿件不会在中途丢失。"其实，不仅仅是邮政，就是稿件交到出版社以后，下落不明的事情也曾发生过几次。彼时彼刻，可真是要急疯跳楼了。

我认为，留有备份是非常必要的。自己辛辛苦苦撰写的稿件，一旦丢失会令人十分沮丧。另外，稿件在交付印刷的途中丢失的情况，也是可以想象的，所以，还是应该留取备份。

不过，问题在于，如何留取备份呢？如果采用手写稿件，重新抄写一遍，那可不是一件容易的事。我之所以想要使用打字机撰稿，其理由之一，就在于此。一旦使用了打字机，备份就会自动生成。最终结果，只能求助于近来已经十分发达的各式各样复印机了，不过，性能优异的复印机，还不是随处可见，而且费用不菲。目前可以采用的方法还得仰仗出版社出马解决。

11. 文章

失文症

下面，我们就要进入文章撰写的话题了。在文章撰写方面，我们需要注意哪些事项呢？正如前文所述，置身于当今时代，即使你并不是一名职业作家，不得不撰写文章的机会也是多如牛毛。能够撰写文章，在当代社会是一切从事智识生产职业人的一项最基本的技能。时至今日，还有人抱有一种观点，信奉什么，因为本人是学习理科的，所以不会撰写文章啦；那一位是学习文科的，果然能写一手好文章啦等等。在当今社会，这些说法都是无稽之谈。撰写文章的能力，不分你是文科还是理科。不管你是学习文科还是学习理科，如果写不出像模像样的文章，那就什么也不是，一切免谈。

一位我十分尊敬的长辈最害怕撰写文章。此人身为一名杰出的实验科学工作者，在专业学术领域业绩非常突出，但是，几乎从来不自己动笔撰写文章。不过，如果听他讲起话来，却真的是幽默诙谐。但是，如此文雅之士一旦撰写起文章来，却是才思枯竭，一筹莫展。据说，只要稿纸摊在面前，立即就如同脑浆凝固一般，一个字也写不出来。医学上有一种疾病，叫失语症，心里有话，说不出来。我们这位先生，是不是应该称为“失文症”呢？

行动家厌恶写文章

我还有一位朋友，他是一位十分出色的田野研究者。每当与他一起去到田野现场工作，都会由衷佩服他那面面俱到的才能以及积极向上的精神境界。然而，一旦这位魅力超群的行动家需要伏案提笔，撰写田野调查报告，不知何故，他一下子就蒙了头，手足无措。他费尽了九牛二虎之力，才挤出短短几行文字，内容干巴巴的，让人根本无法想象，这就是那次成果惊人的田野调查的报告。他所做研究的精彩之处，一点也没有体现出来。

大千世界，如此人物出乎意料的多。他们厌恶撰写文章，或者根本就不动笔，或者写了文章，也不成样子。前文谈论记录的问题时，我曾经说过，工作卓有成效的人，留下来的记录却是毫无用处，实在匪夷所思。很久以前，我就开始参与科学探险以及学术调查工作，见过很多真实事例，了解这方面的情况。当今时代，日本已经向世界各地派出了大量的科学探险队，单从数量而论，日本完全称得上世界探险大国。在世界各国人迹罕至的未开发地以及偏僻山岭，处处都留下了日本人的足迹。然而，他们虽然在实际行动方面确实令人称道，但是，他们却连一份报告书都没有出版过，这种事例为数众多。令人遗憾的是，他们全都厌恶舞文弄墨。难道说优秀的实干家往往都会患上文章过敏症吗？

训练重于才能

我自己也不知道，怎么样才能救治那些患有失文症或者文章过敏症的人。乍一听起来，似乎事不关己，高谈阔论。其实，我自己也距离这一类型并不遥远。怎么说呢？或许因为我自己也是从事行动性研究的，所以，讲老实话，撰写文章还真的不太擅长。虽然由于工作性质所关，不得不时常撰写一些文章，但是，每一次都感到艰难困苦。一旦稿纸摊在面前，夸张点说，真是惶恐万状，苦不堪言。最终，总是迟迟不能交稿，害得编辑们为难不小。

在一位作家的作品中，描写了一个主人公，是一位老年学者，名叫只棹埋男，书中讲的是，他曾经遇到了一件令人毛骨悚然的事情。由于这位老人已经到了交稿日期，文章却还迟迟没有完稿，所以，苦恼不堪。可是，到了半夜三更，忽然有一个狐仙出现，附上身来。于是乎文章立刻就完成了。其实，人在极度苦恼沮丧的时候，会进入一种类似狐仙附体的恍惚状态，疯狂忘我地将文章写完，这样的事情为数不少。我很想在一种平心静气的精神状态下，悠然自得地撰写文章，不过，在那样的状态下却很难奋笔疾书。我见到有的人，提笔在手，刷刷几下，一篇文章就写好了，实在是羡慕。

这种情况虽然也有一些与生俱来的天才，但是，我认为，还是接受教育、训练的成功几率更大。我辈，如果在青年时期就接受过这种教育、训练，那么，即使不劳狐仙大驾，也能悠然自得地撰写文章了。可是，时至今日，为时已晚。

我认为，尽管如此，自己之所以依然能够茹苦含辛，持续撰写一些文章，也还是得益于朋友们所教导的有关文章写作方法、技术的知识以及经验。我坚信，尽管我们并不是天才作家，但是，只要经过一定的技术训练，人人都能写出具有一定水平的文章来。

善于总结

那么，接下来我们就该探讨有关文章写作的技术训练方式问题了。这并不是一个轻松愉快的问题，甚至还有几分苦恼困惑。我首先介绍一下，自己的同事们开发的一些有助于文章写作的技术成果。

实际上，撰写文章这一作业是由两个阶段组成的。第一，就是总结归纳自己思路的阶段。第二，就是将总结归纳的思路实际写成文章的阶段。一般来说，谈到文章的写作方法，往往容易想到第二阶段的技术论题方面。但是，第一阶段“总结归纳自己思路”这一点，是非常重要的。如果没有内容可写，那么，写不成文章就是天经地义的事情。要想撰写文章，首先就要确定可写的内容。

回顾我自己的情况，迟迟无法下笔之时，大部分都是自己的思路还没有充分总结归纳之时。也就是，要写的内容还没有牢固确定之时。撰写文章，本身就是一种信息传递行动。如果自己的大脑中没有形成值得传递的信息，那么，就不会迸发出传递信息的激情。

那么，自己的思路又应该怎样进行归纳总结呢？或者说，怎样确定要写的内容呢？小说作家们等等，他们中的很多人都有一种超乎常人的异能，用不着归纳总结自己的思路，只需将接连不断、鱼贯而入的灵感，行云流水般信手拈来，如同绘画，尽情挥洒描写形容开去。但是，我们常人却没有那样的能力。最起码，普通的文章根本就不能采用那样的方式去写作。正经的文章，不是可以信手拈来的东西，而是要靠真材实料构建起来的。

据我的同事们共同确认，十分遗憾的是，人们脑海里的思路都是支离破碎、杂乱无章的东西。人们的知识与印象，充斥着五花八门、稀奇古怪的碎片，当它们浮现在人们的意识表面时，也绝对不会是逻辑严谨，井然有序的。在我们将它们整合成一篇文章的时候，必须挖空心思，以逻辑严密的形式重新进行编织、组配。如果仅仅凭借“想到哪里、写到哪里”的想当然的方法，那么，根本就构不成一篇完整的文章。

小札法

关于为应写内容积累素材的技术手段，我在本书内已经多次做过介绍。发现记事簿就是其中一种；随时记录、储备的大量卡片，也都是可以利用的素材。有的时候，仅仅是将那些卡片恰如其分地排列起来，差不多就能构成一篇文章的逻辑框架了。

一般而言，仅仅将素材拼凑起来，无论如何也还不能说是思路归纳总结就绪了。下列技巧将会有助于利用那些零碎的素材，建构有条理的思路，或者文章。

首先，要准备一些小纸片。正如前文所述，关于纸张的规格，我是将非标准的纸张全部裁成 B8 开本（5.4 厘米 ×9.1 厘米）大小的纸片。这种纸片，现在就派上用场了。

将那些与现在所选主题有关的事项，按照单词、句子或者短文的形式，每张纸片一个事项，抄写在纸片上。想到什么就是什么，不分先后顺序，只管写下去。已经储备的卡片、报纸剪贴资料、书籍摘抄资料等等，一切可能用得着的资料，全部暂时抄写上去。当你觉得素材差不多凑齐的时候，就将这些纸片排列在写字台或者榻榻米上。这样，你脑子里有关所选主题的全部素材，就都摆在自己的面前了。

接下来，将这些纸片一张张叠放起来。一边查找还有没有与之相关的纸片，找到以后，就和它摆放在一起。此时此刻，千万不要将纸片分类。在我们探讨卡片收藏的时候，我曾经提醒过，智识生产的目的并不是进行分类。分类这一作业需要预先确定框框。将素材分类到既定的框框里，就什么思路也反映不出来了。

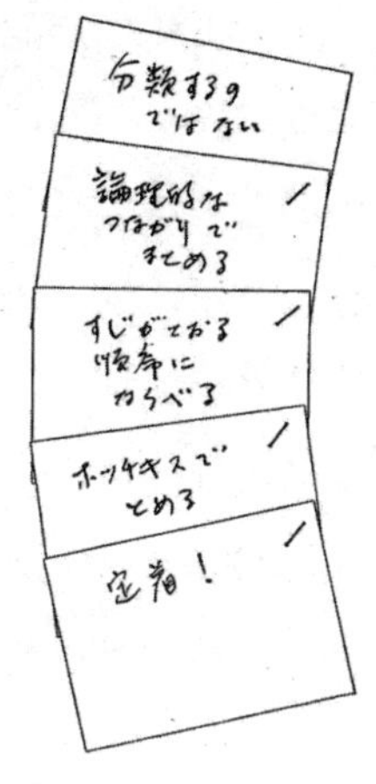

我们不是要进行分类，而是要将那些自己觉得在逻辑上似乎有所联系的纸片，集中起来。集中了几张之后，就按照符合逻辑的顺序，将那一组纸片排列起来。而后，将那些纸片的端部对齐，用订书机装订起来。这样，一个思路就确定下来了。

我称这样归纳整理的纸片册为“小札”。日本中世纪武士的铠甲，就是使用绳子将小铁片或者皮革小片缝缀而成的，那些小片，日本人称为小札。由于使用订书机装订的纸片，会让人联想到古代武士的铠甲，所以，我就借用了这个名称。一张一张的纸片也可以称为小札，这种方法就称为小札法。

整合零散资料

当小札纸片的排列行数收集了很多以后，我们就来重新思考一下，它们之间存在的相互关系。而后逐步筛选，将那些在逻辑上有联系的纸片册集中起来。有的时候，纸片册还需要拆开，重新装订。由于是采用订书机装订的，所以，人们可以随时拆开，重新装订。在进行这一作业的过程中，如果又想起了新的素材，就继续增添新的纸片。

这样一来，在逻辑上相互关联的纸片集群排列出来，将它们用燕尾夹夹起来，并且，加一张纸片，写上标题。然后，将好多个这样的纸片集群排列起来，一边看着它们的标题，一边思索文章的整体框架。此时此刻，既可以按照所谓的起承转合进行排列，也可以按照更加破格的方式进行排列。文章总体的轻重缓急布局，也可以具体考虑。到了这一阶段，不仅要写的内容已经确定，而且，要写的文章框架，基本上也已经完成了。最后，只要将叠放在一起的纸片集群，按照自上而下的顺序，一张张拿起来看着，再将它的内容写成文章，就大功告成了。这种作业一旦完成，纸片册也就寿终正寝，完成了自己的历史使命，我们可以将它们揉巴揉巴，扔进废纸篓里了。

小札法这种方式，换句话说，也就是凭借那种纸片的形式，将自己脑海里面的所思所想，展示于自己面前。他恰似算盘一样的东西。凭借算盘进行的计算方式，虽然归根结底还是一种心算，但是，将头脑中的所思所想形诸头脑之外的，却是那些小小的算盘珠子。小札就是一种思想的算盘珠计算术，那一张张纸片小札，就相当于一颗颗算盘珠子。

这种方法的巧妙之处就在于，它能够催化、激发人们的创造性思维。当你两眼凝望着那些零零碎碎的素材，翻来覆去进行着种种排列组合之时，一些始料未及的新的相互关系，会蓦然呈现在自己的面前。从文章写作这一角度考虑，重要的是，只要我们按照这种方法进行下去，人人都能够撰写出逻辑性十分严谨的好文章来。那些天才作家或许压根儿就用不着这样的技术吧。但是，天下之大，并不只是依靠几个天才作家就能解决一切问题的。必须让写作文章的能力，重新回到那些身患失文症或者文章过敏症的人们手中才行。

构思方法的体系化技术

实际上，很早以前，这种方法就已经在我的同事们中间，一步一步地进行着研究开发。然而，让这种方法无论在系统理论方面、还是在实际应用方面都得到长足发展，并且，成熟为一种十分精练的技术方法的人，则是以 KJ 方法创始人而闻名的东京工业大学教授川喜田二郎。

所谓 KJ 方法，也就是以川喜田二郎的姓氏缩写字母命名的一种科学方法。从不同性质的数据资料之中，如何能够发现有意义的结合，这种所谓的构思方法体系化技术，目前已经引起人们的广泛关注。特别是，KJ 方法作为一种多数个体“集思广益”性质的方法，深得人心，评价甚高，据说，已经在各种企业单位投入了实际应用。我在本书中介绍的小札法，是一种仅供单个人使用，也就是面向私密空间的智识生产技术，按照川喜田二郎的方法体系来说，属于比较朴素、比较初级的技术方法。与川喜田二郎方法体系中名为《利用 KJ 方法 B 型撰写文章》的方法，基本相同。关于 KJ 方法的有关详细情况，请参阅川喜田二郎所著《构思方略》(中公新书)。

易懂为先

当我们将纷繁思路进行归纳总结之后，就要将其写成文章了。而在撰写文章的时候，我们要注意一些什么呢？

我记得，在学生时代，自己在准备撰写论文的时候，老师曾经疾言厉色地这么告诫："文章，一定要当作俳句来写。"那话里的意思也就是说，能省的务必省掉，可略的一定略去，做到短得不能再短。老师语重心长地说，置身于当今时代忙忙碌碌的社会，写得又长又臭的论文有谁会看？我们这些莘莘学子，应将论文尽量写得简短一些。

如果将那些写得索然无味的论文硬要塞给自己去看，那可真的会忍无可忍。过去或许有很多那样的文章吧。所以，人们一直推崇文章贵在简洁，才催生出"文章，一定要当作俳句来写"这样的教训。我认为，此言有理，真是一个意味深长的教导。

可是，我对于严师的这一教导似乎还有一点不以为然。如果真的仿效俳句撰写文章，会出现一种什么样的情况呢？抛开俳句在语言表现上极其感情化、不讲究逻辑性这一点不说，如果真的写出俳句一般的文章，看过一遍两遍还不知所云，那么，单就这一点来看，我认为，它就是糟糕透顶的文章。置身于如此忙忙碌碌的当今社会，还奢望人们会以玩味俳句的闲情逸致来一遍遍阅读自己的论文，岂不是痴心妄想？谁人肯来俯就？看过一遍还不能明白究竟的文章真是太不合时宜了。我领悟到辛辛苦苦将文章简化、短化的愚不可及。与短小相比，易懂更加重要。因为写文章毕竟不是拍电报，所以，没有必要一味追求短小。不，即使拍发电报，明白易懂，不引起误解才是问题的关键，所以，力求简短，节省费用，并不是拍发电报的初衷。文章能够简洁固然不错，但是，既然同样花费一番心血，就应该下大力气，将文章写得明白易懂。

用字用词常识

近来，学生们撰写的文章很不像样子，这在年长教授之间已有论定。不过，我们有必要弄清楚，究竟在哪些方面不像样子。

年长教授们所指出的问题，大多数都是错别字之类。但是，如果只是这样，其实并不值得大惊小怪。因为，错别字并不是今天才发生的现象。就连那些在明治时代号称一代文豪的大人物，与原文仔细一对照，才知道他们所使用的错别字多得令人瞠目结舌。关于这个问题，人们的看法似乎有点神经过敏，感到时代向后推移，过去的人比现在的人好像更不在乎。因为日语本身就是一种非常粗浅并不精练的语言。虽然我认为，即使处在当今时代，作为一种文明语言，日语也还在诸多方面处于未开发的状态，亟待我们去研究开发。不过，在用字用词方面已经比过去的人强了不少。

一般来说，在用字用词问题上无所顾忌的人，的确为数不少。在这一方面，非狠下功夫刻苦学习不行。特别是，对于日文当前使用的汉字、现代假名使用、新的注音假名，等等，似乎在认识上还存在不足。但是，有关这一方面的指导手册、用字用词词典之类书籍，已经跻身于供不应求的畅销书籍之列，所以，人们的认识肯定也会渐渐跟上的。

用字用词以及标记方法的问题，在撰写文章方面是一种基本常识。按照英语的说法，是相当于拼写一样的基本功。如果连这些基本常识都不了解，那么，也就谈不上智识生产技术。作为撰写文章的工具书，除了国语辞典之外，还务必要备有这种用字、用词、标记方法的词典。在我自己的写字台上，这些工具书都一应俱全。顺便介绍一下，我常用的此类工具书，除了这些之外，还有国立国语研究所编纂的《分类词汇表》。这些工具书对查找词汇是非常有用的。

日语的逻辑性

虽然用字用词的问题很重要，但是，是不是能够撰写出一篇通顺达意、明白易懂的文章，则更加重要。在这一点上，中、老年人与青年人相比，究竟哪个群体更优秀一些呢？还真不能简单回答。我认为，从某种意义上看，年轻人群体变得好了起来。过去，有人认为，越是高深莫测的文章，越是蕴含卓越的思想。或许现在的年轻人中间，也会有这种观点。但是，年轻人撰写的文章已经比过去人所撰写的文章平易、通俗多了。

现代日语正处于一个平易、逻辑严谨的开发时期。使用平易、简明的词汇，按照实际需要，进行充分透彻的叙述，应该算得上一种现代语言的文体吧。与过去相比，现在这样的文章已经很多了。

顺便提一下，日语属于非逻辑性语言，这样一种看法在人们中间似乎相当普遍地存在着。但我认为，这纯粹是一种误解。我个人猜测，这种观念之所以广泛流传，是不是应该归咎于英语教师们？我认为，这也是日本英语教育造成的一个可悲弊端。是逻辑性的还是非逻辑性的，取决于使用方法。使用日语，完全可以写出逻辑性很强的文章；使用英语，也完全可以写出逻辑性很差的文章。

我们所说的作为一种文明语言，日语也还在诸多方面处于未开发的状态，并不是指这种逻辑性的问题，而应该是譬如正字法还没有制定、没有标准语、语法使用不规范、难以实现机械化等等。

文章写作技术的两极

正如前文一再所述，智识生产技术本身，一般而言，还没有进行充分的开发。但是，其中的文章写作技术却似乎已经是捷足先登，堪称开发典范。虽然没有“稿件写作方法”一类书籍，但《文章写作方法》一类书籍却比比皆是。如果我们想要磨炼自己的文章写作，只要读一些这方面的书籍，通过自学，也能达到一定的写作水平。关于文章写作的具体技术问题，我们就拜托那些书籍了，本书将不浪费笔墨。在本节中，我们仅仅指出一些基本问题。

关于文章写作的书籍，虽然林林总总，但是，大体说来，也就分为两大系列。第一系列，侧重于文艺作品的写作。第二系列，侧重于商务类文章的写作。

文艺性文章的写作方法，大部分当然是文学家、艺术家们撰写。商务性文章的写作方法，大部分当然是商界人士执笔。

在现实生活中，想要磨炼自己文章写作能力的人们，他们的要求一般也都向着这两方面倾斜。但是，以我的眼光看来，这样一种两极分化有一点让人头疼。提到文艺作品，主要也就是小说；至于商务性文章，则主要是信函以及广告。天下之大，岂是这区区两种所能包容？现代人所撰写的文章，大部分既不是文艺性文章，也不是商务性文章。在某种意义上说，它们只是一种文章。进而言之，不也就仅仅是一种智识性文章，一种记述性文章吗？这样的文章占据当今“信息”的大部分。

但现实情况却是，阐述文章写作技术的书籍，如果硬要分成文艺性与商务性这两类的话，我们应该作何抉择呢？我认为，一般来说，还是选择商务性文章为好。文学家们撰写的文章写作技术论，往往类似于人们在官场之中念的苦水经，听起来很有个性，颇为可乐。但对于普通的人，大都没有什么参考价值。作家的文章是一种语言艺术。我们所要撰写的文章，没有什么必要搞得那么艺术。

之所以出现失文症或者文章过敏症，原因之一是不是就因为将撰写文章与文学创作混为一谈了呢？

一提起撰写文章，不由自主就会习惯性地联想到那种文学性的文章来。诚然，在现代社会，像从前那种辞藻华丽的文章已经不再流行了。但是，取而代之流行起来的那些文章，虽然文体已经改变了，内容仍然是“动人心弦”的文章。无论什么样的文章，都要看其是否动人心弦，人们就以这样的观点来品评文章。也就是说，讲究艺术性的观点。这样一来，理所当然就只有那些天生具有艺术才能的特殊人才能够撰写文章了。

置身于当今时代，对所有的人都很重要、列为智识生产基础技术的文章，并不是那些动人心弦的艺术性文章，而是那些能够准确无误、通俗易懂地向人们传播事物以及思想的功能性文章。

国语教育的问题

我并不是在否定文学作品，艺术性的文章也确实存在。但是，作为一种智识生产的技术，必须加强训练的却应该是那些非文学性的文章。我认为，文学作品不太适宜作为我们写作的样板范本。

过去，文章的优劣与文字是否优美紧密相关。“书法”不能过关，就没有资格撰写文章。文章与所书写文字的造型艺术价值密不可分。因字写得不好而不写信的人不断涌现，这在当时乃正常现象了。因为字写得好坏决定了文章的价值。

近代日语成功地将文章从书法的禁锢之中解救出来，乃是一个重大的进步。文章挣脱了造型艺术的枷锁镣铐，获得了独立，开始打造属于自己的一片天地。我要说的是，我们必须乘胜追击：让文章脱离文学的藩篱。我的意思是，我们还必须让文章摆脱语言艺术的桎梏，作为一种独立的交流手段而发展。

然而，日本的现实情况却是，我们关于文章撰写的教育，几乎无一不是通过文学作品来进行的。日本的国语课程往往与日本的国文学课程混为一谈。而且，担任日本的国语教学的教师，很多人是毕业于国文学专业的，对于文学的倾向性一般都非常强烈。

处在当今社会，或许我们应该换位思考，变化一下角度看问题。我们就将日本的国语与日本的国文学视为完全不同的两个学科，行不行？日本的国文学的课程可以交由毕业于国文学专业的教师讲授。但是，日本的国语问题，进而言之，日文文章撰写的问题，作为信息工程学的问题来考虑，不是更好吗？就大学而言，应该在工学院里设置信息工学系或者语言工学系，交由毕业于语言专业的教师来授课。

或许我的意见有一点激进。但是，联想到智识生产技术，特别是凭借文章进行交流，在未来时代日本文明建设之中的极端重要性，我才斗胆如是考虑的。

结语

以技术体系化为目标

在以上的章节中，我无所顾忌地谈论了很多问题。或许在某一天，我还会采用一种更加体系化的阐述方法，重新谈论这种话题。正如前文所述，本书所探讨的问题是一种针对个人的智识生产技术。理所当然，我们的讨论还必须发展到集体或者社会层面的智识生产技术方面。但目前还只是初次尝试，那么，就请原谅我暂且告退吧。

我在本书中，所阐述的问题，夸大一点讲，或许也还是一种做学问的方法论。如果将一个个具体的技术问题摊开来谈，那简直就愚蠢透顶了，因为那是个个知晓、人人明白的生活常识。我不过是要将其构建为一个整体的系统罢了。因为那些异彩纷呈的技巧方法都是相互关联，由一种共同的规则联系起来的。在这一点上看来，也可以视为一种方法论吧。

然而，这种系统目前还远未完成。其社会性条件、文化性条件，今后还将发生令人眼花缭乱的变化。智识生产技术系统，顺应形势的发展，毫无疑问也会发生巨大的变化。不过，我认为，彼时彼刻，本书所阐述的那些思路以及方法，足以应对裕如，不是吗？

本书所阐述的这些问题，随便举出任何一个，其道理都极其简单。但是，这种问题无论你在脑海中多么理解，如果不身体力行，付诸实践，那么，就毫无意义。让我们自己动手，大胆进行种种尝试吧。各种各样的技巧方法一定会应运而生。为了沟通交流这一方面的信息，我甚至考虑，创办一个名为《智识生产技术》的专业性学术刊物。

请允许我再重复一遍，实践至为关键。如果不肯付诸实践，而仅仅是在自己的脑海中判断一下，批评几句，那么，我们就无法进展。大家都知道，无论什么样的技巧方法，都是要付出相应的艰苦努力的。在这种事情上绝对没有天上掉馅饼、不劳而获的便宜。如果自己不肯付出努力，绝对不会有所进步，有所作为。

信息时代的新型教育

对于本书所阐述的这些问题，过去的人们是漠不关心的。因为人们没有什么必要去考虑这些问题。当今时代，新的情况摆在我们的面前，自己必须练就一身本领才行。

譬如，过去的人们珍惜物品，在这一点上，很多人都身体力行。但是，在珍惜信息这一点上，则往往是毫无素养，一窍不通。据说有这么一个笑话：一天，刮起了大风。风吹进主人的书房，纸片被吹得满屋子乱飞。老女仆看在眼里，急在心中。连忙跑过来收拾，她觉得那些白纸扔掉怪可惜的，就拾起放好。那些写有文字的纸张统统都扔掉了。

信息的管理与物品的管理，在原理上有着不同之处。“可惜”这一原理，在信息管理之中不太管用。我们需要具有各种各样的新素养。诸如，不能丢掉纸片与印刷品、书籍不能折叠、不能卷起、写字不能厌烦，等等，如果从小进行训练，就能够心领神会，养成习惯，形成素养。

迄今为止的素养与教育，或许与物质时代浑然天成，但是，处在一个让人们耳目一新的信息时代，其不合时宜之处则为数不少。针对信息的生产、处理、传递，从小学、中学时代开始，就应该严格进行基本功训练。笔记与卡片的书写方法、整理方法的理论与实践、事务的处理方法，等等，这些基本常识都应该从小就进行教育。

我在前文曾经讲过，撰写文章的教育应该从信息工程学的角度进行。不过，本书所列举的各种智识生产技术的教育，一旦付诸实施，应该以什么样的学科进行呢？不属于日本国语学科的范畴吧？不属于社会学科，当然也不属于家政学科。我考虑，还是开设一个“信息学科”，进行综合性、集中性的教育，是不是更好？

从笔记书写方法的话题开始，终于进展到了未来的教育问题。我自思，本书中独断专行之处颇多。针对这一话题，希望看到众多读者踊跃发表自己的意见与研究成果。

图书在版编目(CIP)数据

智识的生产技术 /(日)梅棹忠夫著；樊秀丽译．—北京：商务印书馆，2016(2019.12 重印)
ISBN 978-7-100-12197-2

Ⅰ.①智… Ⅱ.①梅… ②樊… Ⅲ.①学习方法 Ⅳ.①G791

中国版本图书馆 CIP 数据核字(2016)第 093488 号

智识的生产技术

〔日〕梅棹忠夫 著

樊秀丽 译

商 务 印 书 馆 出 版
（北京王府井大街 36 号 邮政编码 100710）
商 务 印 书 馆 发 行
北京艺辉伊航图文有限公司印刷
ISBN 978-7-100-12197-2

2016 年 6 月第 1 版　　开本 850×1168 1/32
2019 年 12 月北京第 2 次印刷　　印张 7½

定价：22.00 元